Manz-Lernhilfen

Übungen für das 2. Lateinjahr

Hans Lindemann

Teil II

Manz Verlag München

3. Auflage 1974

Manzbuch 325

Umschlagentwurf: Ingeburg Rothemund, München.
Hergestellt bei Verlag und Druckerei G. J. Manz, Aktiengesellschaft, Zweigniederlassung Dillingen/Donau. Printed in Germany.

ISBN 3-7863-0325-8

INHALTSVERZEICHNIS

VORWORT

Der II. Teil der Übungen für das 2. Lateinjahr ist der Einübung und Wiederholung einiger Pronomina, der wichtigsten abhängigen Aussagen und besonders der konsonantischen Konjugation gewidmet, die sich die Schüler nach alter Erfahrung wegen der großen Zahl der Verben und wegen der uneinheitlichen Perfektbildung nur schwer für dauernd einprägen. Versagen in höheren Klassen ist häufig in den unklaren Vorstellungen vom Gebrauchsumfang solcher Verben begründet. Dieser läßt sich meist nur an nebeneinandergestellten Einzelsätzen deutlich machen; zusammenhängende Stücke erfüllen diesen Zweck in der Regel nicht besser. Der Schlüssel soll nicht nur der Kontrolle der Übersetzung ins Lateinische dienen. Ausgeschöpft wird der Wert dieses Hilfsbuches erst durch die Rückübersetzung ins Deutsche.

Gedacht ist es für Schüler, die ja Wissenslücken weniger durch Auswendiglernen als durch Einübung am Beispiel auffüllen können, außerdem für Studierende, die sich ungern zum Büffeln von Verbalreihen entschließen.

Freilich ist das beste Übungsbuch wertlos, wenn man es nicht gründlich studiert. Wer eine Sprache lernen will, muß sich mit ihr täglich, wenn auch nur eine Viertelstunde, beschäftigen.

Nur, was man dauernd betreibt,
bleibt.

Dr. Hans Lindemann

ANLEITUNG

Wer fremde Sprachen lernen will, muß sich eine ausreichende Anzahl von Wörtern einprägen. Das ist im Lateinischen nicht anders.

Wiederholt man aus dem Wortschatz des 2. Lateinjahres täglich 8 Wörter, so ergibt das im Monat etwa 200, in 5 Monaten ungefähr 1000 Wörter. Man prägt sich die 8 Wörter gründlich ein und sagt sie, lateinisch und deutsch nebeneinander, auswendig herunter.

Zur Festigung des Gelernten übersetzt man täglich etwa 20 Zeilen des vorliegenden Bändchens vom Deutschen ins Lateinische und umgekehrt. Bald hat sich das angeblich schwache Gedächtnis so geübt, daß 2—3 der Wiederholungen wegfallen können.

Beim Lernen lateinischer Wörter und bei der Aussprache der Kasusendungen beachte man die Länge oder Kürze der Vokale! Im Deutschen erkennt man gedehnte Vokale meist schon am Schriftbild.

Im Lateinischen wird die Vokallänge nicht bezeichnet. Gleich aussehende Wörter können, je nach der Länge oder Kürze der Vokale, verschiedene Kasus darstellen, ja sogar verschiedene Wörter bedeuten.

Im Lateinischen muß man die Bestandteile eines Satzes sorgfältig unterscheiden. Denn das lateinische Substantiv kennt keinen Artikel und das Verbum steht selten mit einem Personalpronomen.

A AUFGABEN

PRONOMINA

Die Fragepronomina

[101]

1. Wer hat dich gesehen? 2. Wen habt ihr gehört? 3. Was spürst du? 4. Wer hat euch unterstützt? 5. Wessen Geist ist so klug, daß er alle Schwierigkeiten voraussieht (Konj.)? 6. Wem werden die Götter geneigt sein *(favēre)*? 7. Von wem hast du das erfahren? 8. Mit wem bist du in Rom gewesen? 9. Woher bist du gekommen? 10. Wo ist Rom gelegen? 11. Wohin eilst du? 12. Wie heißt du (= was für ein Name ist dir)? 13. Welch große Sorgen quälen dich? 14. Welche (= wie beschaffene) Menschen waren es, die das erfunden haben? 15. Wie *(quōmodō, quemadmodum)* hast du geschlafen?

Die Satzfrage

[102]

Im Deutschen steht das konjugierte Verb am Satzanfang: Tust du das? Hast du mich gehört? Ist das gestern gewesen?

Im Lat. hängt man *-ne*

a) an die Negation: *nonne*, *numquamne*,

b) an das betonte Wort, meist Verbum: *vidēsne mē?*

Das mit *-ne* verbundene Wort tritt an den Satzanfang.

1. Weinst du? 2. Schweigst du? 3. Lachst du? 4. Schrekken dich diese Meinungen? 5. Grollst du mir? 6. Siehst du nicht diese Denkmäler? 7. Habt ihr nicht vieles gehört? 8. Habt ihr nicht meine Pläne gebilligt? 9. Siehst du nicht, wohin du gekommen bist (Konj.)? 10. Hast du nie geirrt?

[103]

Mit *num* wird eine Frage eingeleitet, auf die man die Antwort »nein« erwartet. Im Deutschen könnte man »etwa« einfügen.

1. Haben wir euch (etwa) gequält? 2. Machen wir (etwa) einen Fehler *(peccāre)?* 3. Scheinen dir diese Dinge (etwa) gering? 4. Bist du (etwa) gestern krank gewesen? 5. Kannst du (etwa) gegen die undankbar sein, die dir Leben und Lebensunterhalt gegeben haben?

Die nichtbestimmenden Pronomina (Indefinitpronomina)

aliquis

[104]

Vergleiche:

Quis *venit?*	*Wer* kommt?
Venit ali**quis**.	Es kommt *wer* (= irgend einer).
Si **quis** *venit, intrātō!*	Wenn *wer* (= einer) kommt, soll er eintreten!
Quid *hīc iacet?*	*Was* liegt da?
Hīc iacet ali**quid**.	Da liegt *was* (= etwas).
Si **quid** *vidēs, dīc mihi!*	Wenn du *was* siehst, sag es mir!

Unterscheide also

1. das fragende Pronomen:

subst.		adj.	
quis?	wer?	*quī exitus?*	welcher Ausgang?
quid?	was?	*quae spēs?*	welche Hoffnung?
		quod lūmen?	welches Licht?

2. das nicht bestimmende Pronomen:

subst.

ali-quis	irgendwer, irgendeiner
ali-quid	irgend etwas

adj.

ali-quis cāsus	irgendein Zufall
ali-qua spēs	irgendeine Hoffnung
ali-quod lūmen	irgendein Licht
ali-quī virī	irgendwelche Männer
ali-quae spēs	irgendwelche Hoffnungen
ali-qua dēsideria	irgendwelche Sehnsüchte

Dem *ali-* entspricht irgend. Wie im Deutschen das tonlose wer, (et)was, wann ohne irgend steht, gilt auch im Lat., wenn unbetont:

Nach *nē, si, nisi, num,*
nach Relativ und *cum*
fällt das *ali-* um; also

nē quis putet	damit nicht einer glaubt,
si quando venīs	wenn du einmal kommst,
num quid dubitās?	Hast du etwa einen Zweifel?

Merke:

ali-quid ūtile	etwas Nützliches
ali-quid novum (meist *novī*)	etwas Neues

1. Irgendwer sah dich. 2. Ich bin durch irgendeinen Zufall gerettet worden. 3. Wenn ich was wüßte, würde ich alles erklären. 4. Wenn irgendeine Hoffnung gewesen wäre, hätte der Arzt den Kranken gerettet. 5. Wenn ich mir irgend eines Unrechts bewußt gewesen wäre, wäre ich nicht gekommen. 6. Es ist unsicher, ob du was findest (Konj.). 7. Als er was gehört hatte, erschrak er. 8. Wenn wir einmal Gelegenheit haben (= uns G. sein wird), werden wir kommen. 9. Vernünftige Menschen prägen dem Gedächtnis etwas Nützliches ein, nicht dummes Zeug *(nugae, ārum)*.

quīdam

[105]

quīdam, quaedam, quoddam (subst.: *quiddam*)

1. ein gewisser, gewissermaßen, sozusagen, eine Art, Plural: manche, einige;
2. ganz, geradezu (Adjektive verstärkend).

Es wird dem Bezugswort häufig nachgestellt.

1. Es gibt gewisse Dinge, die mir unbekannt sind. 2. Mir begegnete *(intervenīre, obvenīre)* ein geradezu erstaunlicher *(mīrus, mīrificus)* Fall. 3. Die Ansichten mancher

Philosophen sind falsch. 4. Es werden gewisse gehässige *(odiōsus)* Verdächtigungen *(suspiciō)* verbreitet *(dīvulgāre)*. 5. Er kam mit geradezu unglaublicher Schnelligkeit. 6. Nur wenige Menschen sind sozusagen ein Abbild (Plur.) der Tugend. 7. Durch ein ganz natürliches Band *(vinculum)* werden die Menschen unter sich verbunden *(cōnsociāre)*. 8. Manche Vogelarten werden von den Menschen zum Mahl hergerichtet und verspeist.

quidem

[106]

Häufig wird *quīdam* ein gewisser mit *quidem* verwechselt. *quidem* (immer nachgestellt!) bedeutet

1. wenigstens, gewiß, freilich, allerdings;
2. zugegeben, zwar; als Gegensatz folgt *sēd* aber.

quidem betont oft nur das vorhergehende Wort, ohne daß es übersetzt wird.

equidem steht immer für *egō quidem.*

1. Mihi quidem non persuadebis. 2. Is quidem omnium constantissimus erat. 3. Equidem tibi non assentior. 4. Deleta quidem sunt plurima antiquitatis monumenta, sed manent multae reliquiae. 5. Species quidem me accusat, sed innocens sum. 6. Mea quidem sententia falso iudicas.

nē – quidem nicht einmal

[107]

Zwischen *nē* und *quidem* steht nur das betonte Wort, außerdem höchstens eine Präposition.

1. Nicht einmal im Winter. 2. Nicht einmal ein Vogel. 3. Nicht einmal Überreste. 4. Nicht einmal in der Unterwelt. 5. Nicht einmal im Unglück. 6. Nicht einmal am Ufer des Flusses (was ist betont?). 7. Nicht einmal die Feldzeichen der Legion konnten gerettet werden. 8. Nicht einmal in diesen Zeiten erhoffen wir ewiges

Glück. 9. Nicht einmal durch ein Erdbeben wurden die Leute veranlaßt, die Gegend zu meiden (= daß sie mieden, Konj.).

nēmo, nihil, nūllus

[108]

nēmo	niemand	*nihil*	nichts	*nūllus, a, um*	kein
nūllīus		*nūllīus reī*		*nūllīus*	
nēminī		*nūllī reī*		*nūllī*	
nēminem		*nihil*		*nūllum, am, um*	
ā nūllō		*nūllā rē*		*nūllō, ā, ō*	

1. Niemand wird dich wegen dieser Sache tadeln oder anklagen. 2. Das habe ich niemandem gelobt. 3. Das ist von niemandem verboten worden. 4. Wir sind von niemandem unterstützt worden. 5. Niemands Verdienste sind so gelobt worden wie deine. 6. Nichts ist leichter als das. 7. Ich fordere nichts von *(dē)* diesen Dingen. 8. Durch nichts können edle *(generōsus)* Menschen mehr verletzt werden als durch die Gehässigkeit (Haß) der Menschen. 9. Vor (Gen.) nichts ekelt es mich mehr als vor (Gen.) der Schlechtigkeit der Menschen. 10. Das (Plur.) schadet keinem. 11. Wir litten an (Abl.) nichts Mangel. *(egēre)* 12. Wir werden nichts (Dat.) begünstigen, was uns schadet.

[109]

Beachte:

nēmo umquam nie jemand
nihil umquam nie etwas
nūllus umquam nie ein

1. Das hat nie jemand behauptet *(affirmāre)*. 2. Von *(dē)* der Sache habe ich nie etwas gehört. 3. Niemals ist jemand wirklich *(vērē)* glücklich gewesen, der den Reichtum mehr liebte als die Tugend. 4. Nie war mir jemand lieber *(cārus)* als du. 5. Nie war ich jemand

dankbarer als dir. 6. Ich habe nie ein besseres Heilmittel gefunden *(invenīre)* als dieses.

alius, alter

[110]

alius, a, ud	ein anderer (Gen.: *alterīus*)
alter, a, um	der andere (von zweien)
aliter (Adv.)	anders, auf andere Weise
aliī – aliī	die einen – die anderen
alter – alter / *ūnus – alter*	der eine (von zweien) — der andere (von zweien)

1. Andere werden mich verlachen, aber ich tue *(explēre)* meine Pflicht. 2. Andere Dinge lehne ich ab (weise ich zurück). 3. Sie kamen aus anderen Richtungen *(pars)*. 4. Die einen lachten, die anderen weinten. 5. Es ist oft schwer, einem anderen etwas (subst.!) Nützliches zu raten. 6. Es gab zwei Wege *(iter)*, einen durch das Tal. einen anderen über *(per)* das Gebirge (Berge). 7. Zwei Tage blieb ich in Italien, den einen in Rom, den anderen in Pompeji (bl. Abl.). 8. Du bist mir ein zweiter *(alter)* Bruder. 9. Einiges habe ich selbst gesehen, anderes von anderen erfahren. 10. Das werde ich mir für (*in* m. Akk.) eine andere Zeit aufheben *(cōnservāre)*.

Das Reflexivpronomen

[111]

Ein Personal- oder Possessivpronomen nennt man reflexiv (rückbezüglich), wenn mit ihm das Subjekt des Satzes gemeint ist.

1. *du* gibst *dir* nach	*tibi* indulgēs
wir wollen *uns* ertragen	tolerēmus *nōs*
2. *ich* baue *mein* Haus	aedifico domum *meam*
ihr gesteht *eure* Schuld	cōnfitēmini culpam *vestram*

Das reflexive und das nicht reflexive Pronomen der 1. und 2. Person sind im Lat. und D. jeweils gleich.

Nur in der 3. Person entsteht durch den mehrdeutigen Gebrauch der deutschen Pronomina eine Schwierigkeit. Das reflexive Personalpronomen der 3. Person lautet:

	Sing. u. Plur.	Sing.	Plur.
im Gen.	*sui*	seiner, ihrer	ihrer
im Dat.	*sibi*	sich	sich
im Akk.	*sē*	sich	sich
im Abl.	*ā sē*	von sich	
	sēcum	mit sich	

Als reflexives Possessivpronomen der 3. Person dient das Adj. *suus*, *sua*, *suum* sein, ihr (Sing.), ihr (Plur.).

Während *suus*, *a*, *um* immer reflexiv gebraucht wird, kann sein, ihr auch nichtreflexiv sein:

»er baut sein Haus« — »sie bauen ihr Haus«

kann je nach dem Zusammenhang bedeuten:

a) sein (ihr) eigenes Haus,

b) das Haus seines (ihres, ihrer) Nachbarn, Bekannten usw. = dessen (deren) Haus.

Für das nichtreflexive sein (ihr) muß daher der Gen. von *is*, *ea*, *id* verwendet werden.

Prüfe, ob die folgenden Sätze doppelsinnig sind:
1. Er hat seinen Freund gesehen. 2. Sie waren ihrem Ruhm neidisch. 3. Er fürchtete seinen Haß. 4. Sie bedurften ihrer Hilfe. 5. Sie bedauerten ihr Los.

DAS GERUNDIUM

(der deklinierte Infinitiv Aktiv)

[112]

das Lachen	*ridēre*
des Lachens	*ridendī*
dem Lachen	*ridendō*
zum Lachen	*ad ridendum*
durch das Lachen	*ridendō*

Der Verbalstamm *ride-* wird durch angefügtes *-nd-* zum Nominalstamm.

1. Irren ist menschlich. 2. Die Zeit des Wartens war uns (zu) lang. 3. Durch Üben wird der Körper (Plur.) gekräftigt. 4. In den Alpen gibt es viele Gelegenheiten zu wandern (= des Wanderns). 5. Jetzt ist nicht Zeit zum Lachen (= des L.), sondern zum Arbeiten (= des A.). 6. Viele vornehme Männer und Frauen widmen sich dem Reiten *(equitāre)*. 7. Gib mir einen Tag zum Überlegen! 8. Einen berechtigten (= gerechten) Grund zu fordern hast du nicht. 9. Durch Tränen (= Weinen) wirst du von mir nichts erreichen.

ABHÄNGIGE AUSSAGEN

Der Akkusativ mit Infinitiv
(a. c. i.)

[113]

Die Verbindung von Akkusativ und Infinitiv bei einem Verbum ist im Deutschen nichts Ungewöhnliches.

Wir sahen den Mond aufgehen.
Ihr laßt mich warten.
Du zwingst mich zu bleiben.

Im Lat. spricht man von einem a.c.i., wenn nach Verben aus dem Bedeutungskreis

sagen oder meinen,
wahrnehmen oder fühlen,
dulden oder wollen,

oder nach einigen unpersönlichen Verben ausgedrückt wird,

daß etwas geschieht, geschehen ist, geschehen wird.

Solche Verba sind

sehen, fühlen, erfahren und hören,
hoffen, versprechen, drohen und schwören;
überzeugen und glauben, erzählen und sagen,
behaupten, berichten, sich freuen, beklagen;
ich heiße, verbiete, erzwinge und lass',
ich will, ich will nicht und ich dulde, daß;
es ist schicklich, notwendig, in Ordnung, ist klar;
es ist deutlich, wahrscheinlich, bekannt, offenbar.

Stelle die lateinischen Verba mit diesen Bedeutungen zusammen!

[114]

Eine Aussage, die von solchen Verben abhängig ist, erscheint im Infinitiv.

Ich höre einen Hund bellen; das bedeutet:
Ich höre, ein Hund bellt.
Ich höre, daß ein Hund bellt.

Forme folgende Sätze im Deutschen ebenso um:

1. Wir sind der Ansicht, unsere Pflicht getan zu haben.
2. Glaubt ja nicht, ungestraft davonzukommen!
3. Ich sehe ein, ungerecht gehandelt zu haben.
4. Ich glaube, fleißig genug zu sein.

Unter welcher Voraussetzung ist im Deutschen die infinitivische Art möglich?

[115]

Vergleicht man:

Ich höre, daß ein Hund bellt, mit
audio canem latrāre,

so stellt man fest:

1. das *Komma* fällt weg,
2. *daß* fällt weg,
3. das *Subjekt* »ein Hund« tritt in den *Akkusativ*,
4. das *Verbum* »bellt« erscheint als *Infinitiv*.

Bilde ebenso um (mit Daß-satz im Deutschen!) und übersetze:

1. Ich höre die Vögel singen. 2. Ich weiß, klüger ist keiner. 3. Wir wissen alle, das ist nicht wahr. 4. Die Einwohner meldeten, viele Germanen besäßen Äcker in Gallien. 5. Dies eine steht fest, die Welt ist rund. 6. Es ist gemeldet worden, Reiter nähern sich dem Hügel. 7. Er glaubte, das sei leicht.

[116]

Ein Personalpronomen (ich, du, er, sie, es, wir, ihr, sie) als Subjekt des deutschen Daß-satzes tritt im lat. a.c.i in den Akkusativ.

ego > *mē*	*nōs* > *nōs*	*is* > *eum*	*iī* > *eōs*
tu > *tē*	*vōs* > *vōs*	*ea* > *eam*	*eae* > *eās*
		id > *id*	*ea* > *ea*

1. Wir glauben, daß du fleißig bist. 2. Ich habe nicht geglaubt, daß ihr mir gut gesinnt seid *(favēre)*. 3. Ich habe befohlen *(iubēre)*, daß du bestraft wirst. 4. Wir sehen, daß ihr undankbar seid. 5. Die übrigen merkten, daß wir überlegen *(superior)* sind.

[117]

Ein Personalpronomen (er, sie) oder Possessivpronomen (sein, ihr) der 3. Person des Daßsatzes wird Reflexivpronomen, wenn es sich auf das Subjekt des übergeordneten Satzes bezieht. er, sie = *sē*; sein, ihr = *suum*, *suam*, *suōs*, *suās* usw.

1. Der Lehrer weiß, daß er nicht alles wissen kann. 2. Alle wissen, daß sie durch Wissen anderen überlegen *(superior)* sind. 3. Niemand glaubt, daß er durch Nachlässigkeit *(socordia, neglegentia)* sein Glück vergrößern kann. 4. Volksstämme der Gallier meldeten Caesar, daß sie nicht leicht *(facile)* von den Städten den Sturm *(vīs)* der Feinde abhalten könnten.

[118]

Im a.c.i. steht Infinitiv Präsens, wenn das, was im deutschen Daß-satz ausgesagt wird, noch während der Aussage des übergeordneten Satzes stattfindet (Gleichzeitigkeit).

1. Caesar antwortete, daß er alles im (bl. Abl.) Gedächtnis behalte *(tenēre)*. 2. Die Gesandten antworteten, daß die Ihrigen *(suī)* schon aufs flache Land *(agrī)* zurückwandern. 3. Auch die Philosophen der Alten glaubten, daß ein einziger *(ūnus)* Gott die Welt lenke.

[119]

Im a.c.i. steht Infinitiv Perfekt, wenn das, was im deutschen Daß-satz ausgesagt wird, vor der Aussage des übergeordneten Satzes stattfand (Vorzeitigkeit).

1. Denk (daran), daß du auch einmal jung gewesen bist. 2. Ich merkte, daß ich einen Fehler gemacht hatte *(peccāre)*. 3. Die Arbeiter *(fabrī)* bestätigten *(cōnfirmāre)*, daß die Arbeit (= das Werk) schwierig gewesen sei. 4. Wir haben erfahren, daß durch den Brand viele Häuser zerstört worden sind.

[120]

Im a.c.i. steht Infinitiv Futur, wenn das, was im deutschen Daß-satz ausgesagt wird, erst nach der Aussage des übergeordneten Satzes stattfindet (Nachzeitigkeit).

1. Ich hoffe, daß ihr mich nicht tadeln werdet. 2. Ich habe geantwortet, daß ich morgen kommen werde. 3. Ich glaubte, daß du mich um Rat fragen werdest *(cōnsultāre)*. 4. Er antwortete, er werde seine Pflicht erfüllen. 5. Die Helvetier antworteten, daß sie nicht in ihren Wohnsitzen bleiben werden. 6. Caesar verkündete, er werde in der nächsten Nacht das Lager abbrechen *(movēre)*.

Der Folgesatz

[121]

Nach s o, s o l c h, d e r a r t heißt (so)daß *ut* (mit Konj.). Die Verneinung (Negation) folgt unverändert.

tam bonus	so gut	*tālis*	so beschaffen
tantus	so groß	*adeō*	so sehr
tot	so viele	*ita, sīc*	so (vor Verben)

1. Niemand ist so weise, daß er alles wüßte (Konj. Präs.). 2. Seine Kühnheit war so groß, daß er nichts fürchtete. 3. Die Nervier hatten ihre Gehöfte *(aedificium)* so mit Dornsträuchern *(sentis, is)* umgeben, daß niemand eindringen *(intrāre)* konnte. 4. Er hat (sich) so sehr Mühe gegeben, daß er alle an Tüchtigkeit *(virtūs)* übertraf. 5. Es waren so viele Dinge da, daß wir allen helfen (alle unterstützen) konnten.

Der verneinte Imperativ der 2. Person: *Nē* mit Konjunktiv Perfekt

[122]

1. Schilt mich nicht! 2. Verbietet das nicht! 3. Unterstützt die Verbrecher *(homō nēfārius)* nicht! 4. Zeig dich nicht a l s Feigling *(homō ignāvus)!* 5. Zerstört die Denkmäler des Altertums nicht! 6. Weine nicht! 7. Schadet denen nicht, die euch nützen werden!

Ebenso: *nēmō, nūllus, nihil, numquam* (mit Konj. Perf.). 8. Ziehe niemand zu (bl. Dat.) deinen Plänen hinzu *(adhibēre)*, der ausplaudern *(ēnuntiāre)* könnte (Konj. Präs.)! 9. Lobt niemals Schändliches (Plur.)!

Der abhängige Zwecksatz

[123]

ut d a m i t, u m z u; *nē* damit n i c h t, um nicht zu.

1. Wasch deinen Körper, damit er sauber *(lautus)* ist. 2. Wir üben unsere Körper nicht, um anderen zu ge-

fallen, sondern um gesund und stark zu sein. 3. Weine nicht, damit die anderen (= übrigen) dich nicht verlachen! 4. Wir schwiegen, um andere nicht anzuklagen (Konj. Imperf.). 5. Die Soldaten lagen am Boden *(humī)*, um verborgen zu sein (Konj. Imperf.).

Der abhängige Wunsch- und Befehlsatz

[124]

ut daß, *nē* daß nicht, (wie im abh. Zwecksatz!).

Im Deutschen steht oft Infinitiv mit zu. Sollen und mögen wird durch den Konj. ausgedrückt.

1. Ich ermahne dich, fleißig zu sein. 2. Die Zeit fordert, daß wir tapfer sind. 3. Der Führer *(prīnceps)* veranlaßte den Stamm *(civitās)*, aus seinem Gebiet *(fīnis*, Plur.) auszuwandern. 4. Wir raten dir zu schweigen. 5. Der Feldherr befahl den Einwohnern, Getreide herbeizuschaffen *(apportāre)*. 6. Wir wünschen, daß ihr gesund sein *(valēre)* möget. 7. Sorge (dafür), daß du allen Schwierigkeiten des Lebens gewachsen *(par)* bist (Konj.).

[125]

Merke für den Wunsch- und Befehlsatz außerdem:

nē quis	daß niemand	*nē umquam*	daß niemals
nē quid	daß nichts	*nē ūsquam*	daß nirgends

1. Schweigt, damit niemand beunruhigt wird! 2. Die Einwohner erreichten (durch Bitten) *(impetrāre)*, daß nichts verwüstet wurde. 3. Ich rate dir, dich nirgendwo länger aufzuhalten 4. Wir raten euch, niemals schlechten Ratschlägen zu gehorchen.

DIE KONSONANTISCHE KONJUGATION

Einführung

[126]

1. Die Verbalstämme der konsonantischen Konjugation enden nicht auf -ā, -ē oder -ī, sondern

   a) auf Konsonant: K-Laut (c, g, h, qu, x),
   P-Laut (p, b),
   T-Laut (t, d),
   Liquida (l, m, n, r).

   b) auf -v oder -u.

2. Die Personalendungen sind in allen vier Konjugationen gleich; sie lauten bekanntlich

   im Aktiv (außer Ind. Perf. u. Imperativ):
   -o(-m), *-s*, *-t*, *-mus*, *-tis*, *-nt;*
   im Passiv: *-(o)r*, *-ris*, *-tur*, *-mur*, *-mini*, *-ntur*.

3. Vom Präsensstamm werden in allen Konjugationen die Tempora und Modi durch Zwischensilben gebildet:

   -ā- Konj. Präs. (außer *ā*-Konjugation),
   -bā- Ind. Impf.
   -rē- Konj. Impf.
   -ē- Futur der kons. u. *ī*-Konjugation (außer 1. P.)
   -b- Futur der *ā*- u. *ē*-Konjugation.

4. Nur im Ind. Präsens tritt die Endung ohne Zwischensilbe an den Stamm: *amā-s*, *audē-s*, *audī-s*.

   In der *konsonantischen* Konjugation trifft dabei der *Aus*lautskonsonant des Stammes auf den *An*lautskonsonanten der Endung:

   leg-s, *leg-tis*, *leg-nt*, *fing-mus*, *curr-tis*.

   Vgl. das Futur der *ā*- und *ē*-Konjugation:
   laudā-b-s, *timē-b-t*, *delē-b-nt*

In der Aussprache schiebt sich von selbst ein Zwischenlaut ein, den man Bindevokal (Themavokal) nennt. So entsteht:

leg-i-s, leg-i-tis, leg-u-nt, fing-i-mus, curr-i-tis; laudā-b-i-s, timē-b-i-t, delē-b-u-nt.

5. Beachte den Unterschied zwischen der konsonantischen und der *ī*-Konjugation im Ind. Präs.:

a) im Aktiv:	*leg-i-mus*	*leg-i-tis*	
	audī-mus	*audī-tis*	
b) im Passiv:	*leg-e-ris*	*leg-i-tur*	*leg-i-mur*
	audī-ris	*audī-tur*	*audī-mur*

[127]

a) Kennvokal des Konjunktiv Präsens ist *a*.
Konjugiere : Ich möge schweigen und lesen!

b) Kennvokal des Futurs ist *e*, wie in der 4. Konjugation, außer in der 1. Person, die dem Konjunktiv Präsens gleich ist.

Konjugiere: Ich werde schweigen und lesen!

[128]

Das Futur der konsonantischen Konjugation wird sehr oft mit dem Indikativ oder Konjunktiv der *ā*- oder *ē*-Konjugation verwechselt.

Übersetze*:

scribis, delebis, leges, auges, toleres, emet, videt, vitet, vivet, bibitis, ridebitis, petamus, cogitamus, probemus, colemus, tacemus.

---

* Da die Übungen der Wiederholung und Vertiefung bereits gelernten Stoffes dienen, wird die Kenntnis wichtiger Verba der konsonantischen Konjugation hier vorausgesetzt.

Die Perfektbildung in der konsonantischen Konjugation

Das v-Perfekt

[129]

Einige Verba erweitern im Perfekt ihren Stamm durch -i-

Vgl.: *audī-v-ī, audī-tum!*

arcessere herbeirufen, kommen lassen *(colōnōs)*
arcesso *arcess-ī-v-ī* *arcess-ī-tum*
capessere ergreifen *(arma, fugam)*
capesso *capess-ī-v-ī* *capess-ī-tum*
lacessere reizen, herausfordern *(ad pugnam)*
lacesso *lacess-ī-v-ī* *lacess-ī-tum*

1. Rufen wir den Freund herbei! 2. Wer hat dich gerufen? 3. Wenn du mich gerufen hättest, wäre ich gekommen. 4. Die Einwohner ergriffen die Waffen 5. Wenn der Räuber nicht die Flucht ergriffen hätte, wäre er getötet worden. 6. Der Geist muß nach höheren Zielen greifen (= Höheres ergr.). 7. Reize mich nicht! 8. Die Nervier sind von den Römern durch Krieg herausgefordert (= gereizt) worden. 9. Wenn wir gereizt werden (Fut.), werden wir die Waffen ergreifen.

[130]

petere petī-v-ī petī-tum aufsuchen, erstreben, erbitten
ex-petere erstreben, erbitten
ap-petere erstreben; herannahen, bedrohen
re-petere wiederaufsuchen, zurückfordern, wiederholen

1. Ich habe nichts von euch erbeten. 2. Die Haeduer baten, daß ihnen (Refl.) erlaubt sei, eine Versammlung ganz Galliens zusammenzurufen. 3. Die Haeduer erbaten von Caesar Hilfe. 4. Der Tag nahte heran. 5. Die Verschwörer vermuteten, Caesar habe das Königtum erstrebt. 6. Die Feinde suchten ihr Heil in der Flucht

(bl. Abl.). 7. Die Leute in der Stadt *(oppidānī)* forderten (nur) eines, daß sie nicht ihrer Waffen (Abl.) beraubt würden. 8. Die Römer antworteten den Gesandten, sie hätten durch den Krieg (nur) Entschädigung *(poenae)* für altes Unrecht (Plur.) zurückgefordert.

[131]

quaerere	*quaesī-v-ī*	*quaesī-tum*
		1. suchen *(aliquid)*, 2. zu erfahren suchen *(ex aliquō)*, fragen
ac- quīrere		(dazu) erwerben
con-quīrere		zusammensuchen
ex- quīrere		aufsuchen, untersuchen
in- quīrere		erforschen, prüfen

1. Früher suchten viele vergeblich Geld und Arbeit *(opus)*. 2. Sucht nicht Zeit und Gelegenheit zu (Gen.) Unfug *(nūgae)*! 3. Du hast mich gefragt,was ich meine *(sentīre*, Konj. Impf.*)* 4. Wenn du suchst (Fut.), wirst du finden. 5. Caesar fragte die Gesandten, welche Stämme *(cīvitās)* unter Waffen stünden (= in W. wären). 6. Erwirb nicht Geld, sondern Wissen und Klugheit, damit du Geld erwirbst (Konj.). 7. Der Feldherr suchte in (bl. Abl.) der ganzen Legion die Handwerker zusammen, die eine Brücke bauen sollten (Konj. Impf.). 8. Laßt uns die Wahrheit (das Wahre) erforschen!

[132]

terere	*trī-vī*	*trī-tum*	reiben, zerreiben; (Zeit) verbringen
serere	*sē-vī*	*sa-tum*	säen, pflanzen
īn-serere	*īn-sēvī*	*īn-situm*	einpflanzen

1. Verbringt euere Zeit nicht mit dummem Zeug *(nūgae)!* 2. Münzen sind oft abgenützt (zerrieben). 3. Er kam mit abgenutzter Kleidung aus der Gefangenschaft. 4. Wir pflanzten gestern einen Baum. 5. Nur

wenige britannische Stämme *(civitās)* säten Getreide (Plur.). 6. Allen Menschen ist eine Art Liebe zur (Gen.) Heimat eingepflanzt. 7. Ein fleißiger *(diligēns)* Bauer wird oft Bäume pflanzen, deren Frucht *(bāca, ae)* er nie sehen wird.

[133]

cernere	*(crēvī)*		sichten, sehen
dē- cernere	*dē-crēvī*	*dēcrētum*	entscheiden, beschließen
dis-cernere			unterscheiden
sē- cernere			absondern
spernere	*sprēvī*	*sprētum*	ablehnen, verschmähen
sternere	*strāvī*	*strātum*	hinstreuen, hinbreiten
prō-sternere			zu Boden strecken, vernichten

1. Tüchtigkeit zeigt sich (= wird gesichtet) in Gefahren. 2. Oft ist es schwierig, eine zweifelhafte Sache zu entscheiden. 3. Wegen des Sieges wurde ein Dankfest *(supplicātiō)* von (Gen.) 15 Tagen beschlossen. 4. Der Herr beschloß für den (Dat.) Sklaven (als) Belohnung die Freiheit. 5. Wegen der Dunkelheit konnte schwarz und weiß (Neutr. Plur.) nicht unterschieden werden. 6. Viele suchen in den Ferien abgelegene (abgesonderte) Plätze auf, um sich (= ihre Körper) zu erfrischen. 7. Der Kranke lehnte Speise ab. 8. Lehne den Rat deines Vaters nicht ab! 9. Unter dem Baum lag Obst hingestreut. 10. Wir streckten uns (= unsere Körper) am Ufer hin. 11. Durch das Wüten *(furor)* der Feinde wurde alles vernichtet (= hingestreckt).

[134]

sinere	*sī-v-ī*	*si-tum*	(geschehen) lassen, zulassen, dulden
dē-sinēre	*dē-siī*	*dē-si-tum*	ablassen, aufhören

1. Laßt mich am Spiel teilnehmen! 2. Laß dich erweichen (*exorāre*, Inf. Pass.!)! 3. Mögen die Götter dies nicht zulassen! 4. Was du beschlossen hast (= was dir gefallen haben wird), mögen die unsterblichen Götter gut zu Ende gehen lassen *(ēvenīre)!* 5. Ich werde aufhören, dich zu drängen *(urgēre)*. 6. Ich habe aufgehört, andere zu verurteilen. 7. Wir werden nicht aufhören, uns den Wissenschaften zu widmen.

Das u-Perfekt

(nach konsonantischem Auslaut des Perfektstamms)

[135]

pōnere pŏs-u-ī pŏs-i-tum niederlegen, setzen, stellen

1. Gallien ist im *(sub)* Norden gelegen. 2. Leg die Tunica (ab)! 3. Die Feinde streckten (= legten ab) die Waffen. 4. Die Soldaten schlugen (= setzten) ein Lager. 5. Das Glück liegt (= ist gelegen) nicht in unserer Macht *(potestās)*. 6. Die Hoffnung auf (Gen.) Rettung liegt (= ist gelegen) in der Tapferkeit.

[136]

Ebenso:

ante-pōnere	vorziehen,
ap- pōnere	(Mahlzeit) auftragen; hinzufügen
com-pōnere	zusammensetzen, -fügen, ordnen, geordnet aufstellen, verabreden, schlichten, beilegen, vergleichen
dē- pōnere	ablegen
dis- pōnere	geordnet aufstellen, verteilen, einteilen
ex- pōnere	aussetzen (an Land)
im- pōnere	hineinlegen
op- pōnere	entgegenstellen, entgegensetzen,
prae-pōnere	voranstellen, vorziehen

prō- pōnere öffentlich aufstellen; vor Augen stellen, schildern; *(sibi)* sich vorstellen, sich vornehmen.

1. Ziehen wir den Tod der Knechtschaft vor! 2. Sklaven trugen das Mahl auf. 3. Sie gaben den Gefangenen einen Wächter bei *(appōnere)*. 4. Der Schriftsteller verfaßte (= fügte zusammen) seine Bücher mit großer Sorgfalt. 5. Der Mensch besteht (= ist zusammengesetzt) aus Leib und Seele. 6. Die Streitigkeiten sind beigelegt worden. 7. Ein Friede ist unter den Völkern verabredet worden. 8. Wir werden seine Taten mit seinen Worten vergleichen. 9. Ein geordnetes Denken *(mēns)* bewahrt immer die Ruhe *(tranquillitās)* der Seele. 10. Pompeius hat den Oberbefehl abgelegt. 11. Die Feinde hatten schon die Waffen gestreckt (= abgelegt). 12. Caesar verteilte die Wachposten *(praesidium)*. 13. Du fragst mich, wie *(quemadmodum)* ich im Sommer den Tag einteile (Konj.). 14. Dem Dargelegten werden wir die Wahrheit entgegenstellen. 15. Die Soldaten sind ausgeschifft worden (= aus den Schiffen ausgesetzt w.). 16. Die Gesandten legten etwa *(ferē)* folgendes (= dies) dar. 17. Romulus und Remus sind (als) Säuglinge *(īnfāns)* an den Ufern des Tiber ausgesetzt worden. 18. In (bl. Abl.) gut aufgebauter Rede legte der Redner seine Meinungen dar.

[137]

alere *aluī* *altum* nähren, wachsen lassen, fördern
colere *coluī* *cultum* bebauen, pflegen, verehren
ex-colere ausbilden, veredeln
in-colere (be)wohnen
oc-culere *oc-culuī* *oc-cultum* verbergen
(aber: *latēre* verborgen sein!)
cōn-sulere *cōn-suluī* *cōn-sultum*
um Rat fragen (Akk.), bedacht sein auf (Dat.)

1. Den armen Bauern ernährte ein kleiner Acker *(agellus)*. 2. Die Dunkelheit vergrößerte (= nährte) die Furcht. 3. Durch den Sturm wuchsen die Flammen. 4. Menschen, die auf dem Lande *(rūrī)* wohnen, werden Bauern genannt, weil sie die Felder bebauen. 5. Die Belgier *(Belgae)* sind den Germanen benachbart *(proximus)*, die jenseits *(trāns)* des Rheins wohnen. 6. Die Römer verehrten viele Götter. 7. Durch Unterricht *(doctrīna)* wird der Geist der Jugendlichen veredelt. 8. Von Gott wird auch das Verborgene aufgedeckt werden. 9. Die Räuber verbargen ihre Beute in den Wäldern. 10. Die Beute war in den Wäldern verborgen. 11. Der Kranke fragte den Arzt um Rat. 12. Seid auf eure Rettung *(salūs)* bedacht!

Unterscheide:	ich verberge:	ich bin verborgen
	ich öffne:	ich stehe offen

[138]

serere seruī sertum	aneinanderreihen, -knüpfen
cōn-serere	zusammenheften
dē-serere	im Stich lassen, aufgeben
dis-serere (disputātum)	erörtern, sich unterhalten *(dē)*
īn-serere	einreihen

1. Mädchen reihten Blumen aneinander und legten das Geknüpfte (Plur.) an der Statue der Göttin nieder. 2. Von den Griechen wurden berühmte Frauen, (die) aus den Sagen bekannt (sind), unter die Sterne versetzt (= den Sternen eingereiht). 3. Der Schulterumhang *(sagum)* der Germanen war mit einer Spange *(fibula)* oder einem Dorn *(spīna)* zusammengeheftet. 4. Die Heere verwickelten sich in Kämpfe (= reihten die Hände zusammen). 5. Laßt das Vaterland nicht im Stich! 6. Viele, die auf dem Land (auf den Feldern) wohnten, gaben die Landwirtschaft *(agricultūra)* auf

und wanderten in die Städte. 7. Viele waren gegenteiliger Ansicht *(contrā disserere)*. 8. Cicero philosophierte (erörterte) viel über das Wesen *(nātūra)* der Dinge.

[139]

ac-cumbere ac-cubuī	sich zu Tisch legen
in- cumbere	sich stürzen auf, sich verlegen auf
prō-cumbere	sich vorbeugen, niederfallen
suc-cumbere	sich niederlegen, erliegen

1. Die Gäste legten sich zu Tisch. Die Gäste lagen bei Tisch. 2. Der besiegte Feldherr stürzte sich ins Schwert. 3. Wir werden uns eifrig auf dieses Studium verlegen. 4. Durch die Regengüsse (*imber*, Plur.) hatte sich das Getreide (Plur.) vorgebeugt. 5. Der Damm war in den Graben gerutscht (= vorgefallen). 6. Der Konsul ist der Krankheit erlegen. 7. Wollen wir den Anstrengungen nicht erliegen!

[140]

gignere	*gen-u-ī*	*gen-i-tum*	erzeugen, hervorbringen
texere	*tex-u-ī*	*tex-tum*	weben
strepere	*strepu-ī*	—	rauschen, lärmen
fremere	*fremu-ī*	—	brummen, murren
gemere	*gem-u-ī*	—	ächzen, stöhnen
tremere	*trem-u-ī*	—	zittern

1. Die Natur hat uns zu Größerem (Plur.) geboren (= hervorgebracht). 2. Der Geist der Menschen ist aus göttlichem Wesen *(dīvīnitās)* entstanden (erzeugt worden). 3. Schon bei den Germanen wurden Kleidungsstücke gewebt. 4. Man hörte (= es wurden geh.) die Schreie der lärmenden und zitternden Menschen. 5. Viele murrten gegen das Unrecht des Erlasses *(dēcrētum)*. 6. Die Sklaven stöhnten unter dem Gewicht der Lasten.

Das s-Perfekt
K-Stämme

[141]

dīcere dīxī dic-tum sagen
ē- dīcere bekanntmachen, verordnen
in- dīcere ansagen, öffentlich bekanntmachen
inter-dīcere untersagen, ausschließen
male-dīcere schmähen
prae-dīcere vorher sagen, vorhersagen, befehlen

dūcere dūxī duc-tum ziehen, führen; meinen
ab- dūcere wegführen
ad- dūcere heranführen, veranlassen
con-dūcere zusammenführen, anwerben, mieten
dē- dūcere hinabziehen, wegführen
ē- dūcere herausführen
in- dūcere (hin)einführen, verleiten
per-dūcere (zu einem Ziel) führen, bewegen
prō-dūcere vorführen, weiter ausdehnen
re- dūcere zurückführen
trā-dūcere hinüberführen

Beachte die Imperative:
dīc sag! *dūc* führe! leite!

1. Sag mir, was du meinst (Konj.)! 2. Die Stämme *(cīvitās)*, die wir oben *(suprā)* erwähnten *(dīcere)*, wohnen auf dem anderen Ufer des Rheins. 3. Im Reden war Cicero bedeutend *(multum valēre)*. 4. Der Angeklagte verteidigte sich (sich verteidigen = *causam dīcere*). 5. Durch einen kaiserlichen Erlaß (*ēdictum*) wurden die Senatoren in die Kurie gerufen. 6. Den Feinden ist Krieg angesagt worden. 7. Schmäht nicht die (Dat.) Unschuldigen! 8. Zur vorher angesagten Stunde kam er. 9. Der Legat befahl, sie sollten die Schlacht nicht zuerst (= als frühere) wagen. 10. Die Soldaten zogen

einen Wall vom Lager zum Fluß. 11. Führ uns ins Lager! 12. Die Feinde versuchten alles, damit der Krieg (in die Länge) gezogen würde. 13. Die Gefangenen sind in die Sklaverei geführt worden. 14. Aus Furcht (= durch F. veranlaßt) wandten sich die Feinde zur Flucht (= vertrauten sich die F. der Fl. an). 15. Für dich (Dat.) ist ein Haus in Rom gemietet; dein Haus in Pompeji hat ein anderer gemietet. 16. Die Soldaten zogen die Schiffe ins Meer. 17. Höre, worauf ich hinauswill (= wohin ich die Sache wegführen möchte). 18. Der Feldherr führte die Legionen aus dem Winterlager. 19. Die Feinde hielten es für das Beste, die Unsrigen an der Verpflegung *(commeātus, ūs)* zu hindern. 20. Ein Legat führte zwei Legionen aus Britannien zurück ins Festland *(continēns)*. 21. Die Gallier haben germanische Reiter unter (= durch) großen Versprechungen *(pollicitātiō)* für sich gewonnen (= zu sich durchgeführt). 22. Caesar führte sein Heer zweimal über (bl. Akk.) den Rhein (hinüber).

[142]

regere	*rēxi*	*rēctum*	richten, lenken
cor-rigere	*cor-rēxī*	*cor-rēctum*	berichtigen, verbessern
dī- rigere			richten, lenken
ē- rigere			aufrichten
por-rigere			ausstrecken, darreichen
pergere	*per-rēxī*		fortfahren (etw. zu tun)
surgere	*sur-rēxī*		sich erheben
tegere	*tēxī*	*tēctum*	decken
dē- tegere			aufdecken
prō-tegere			schützen

1. Gott lenkt die Welt. 2. Oft ist es nicht leicht, einen Esel mit dem Zügel *(habēnae, arum)* zu lenken. 3. We-

gen des Sturms konnten die Matrosen den Kurs der Schiffe nicht berichtigen. 4. Wir werden das, was du uns gesagt hast, berichtigen. 5. Diejenigen, die den Staat lenken, müssen die Mängel (= Fehler) der Gesetze verbessern. 6. Richte deinen Sinn auf das Ende des Lebens! 7. Der Mensch soll seine Augen zum Himmel erheben (= aufrichten). 8. Ein Turm wurde aufgerichtet. 9. Fahr fort, mir deine Gedanken darzulegen! 10. Im Hafen werden die Schiffe vor *(ab)* Stürmen geschützt.

[143]

fīgere	*fīxī*	*fīxum*	heften
af- fīgere			anheften
trans-fīgere			durchbohren
af-flīgere	*af-flīxī*	*af-flīc-tum*	anschlagen, niederschlagen
cōn-flīgere	*cōn-flīxī*	*cōn-flīc-tum*	zusammenstoßen, kämpfen

1. Christus wurde ans Kreuz (*in* mit Abl.!) geschlagen (= geheftet). 2. Lange war ich durch Krankheit ans Bett (Dat.) gefesselt (= angeheftet). 3. Alexander hat seinen Freund Clitus mit einer Lanze durchbohrt. 4. Der Wanderer war mit einem Knüttel *(fustis)* niedergeschlagen worden. 5. Hunger hatte die Gefangenen arg mitgenommen (=niedergeschlagen). 6. Germanen und Helvetier waren oft mit Waffen aneinandergeraten (= zusammengestoßen).

[144]

flectere	*flēxī*	*flexum*	biegen
nectere	*cō-nexī*	*cō-nexum*	knüpfen
vehere	*vēxī*	*vec-tum*	tragen, mit sich führen
vehī	*vectus sum*		fahren, reiten
in-vehī	*in-vectus sum*		eindringen, losziehen gegen

trahere	*trāxī*	*tractum*	schleppen, ziehen
abs-trahere			wegziehen
con-trahere			zusammenziehen
dē- trahere			wegreißen, abziehen, mindern
dis-trahere			auseinanderreißen, entzweien

1. Wir haben uns durch Mitleid erweichen lassen (= sind gebogen worden), daß wir dir halfen. 2. Karl der Große hatte im Sinn, Main *(Moenus)* und Donau durch einen Kanal (= Graben) zu verbinden. 3. Die Römer fuhren in (bl. Abl.) einem Wagen oder ritten auf (bl. Abl.) einem Pferd. 4. Die Senatoren zogen heftig gegen *(in)* den Konsul los. 5. Der Angeklagte wurde verurteilt und zur Hinrichtung geschleppt. 6. Mit zusammengezogenen Gliedern saß der Kranke auf dem Bett. 7. Ich zog ihm den Ring *(ānulus)* vom *(dē)* Finger. 8. Durch Unterricht *(doctrīna)* ist unserem Geist (Plur.) der Irrtum genommen (= weggezogen) worden. 9. Die Alten glaubten, daß Materie *(māteria)* nicht mehr auseinandergerissen werden könne. 10. Plinius ließ sich nicht nur auf der Reise, sondern auch in Rom in (bl. Abl.) einer Sänfte *(sella)* tragen (= wurde getragen).

Weitere *K*-Stämme

a) Nach *r* schwindet *g* vor *s* im Perfektstamm: (vgl. S. 82)

[145]

mergere	*mer-s-ī*	*mer-sum*	(ein)tauchen
dē-mergere. sub-mergere			versenken
spargere	*spar-s-ī*	*spar-sum*	streuen
dī-spergere			zerstreuen

1. Die ermüdeten Soldaten tauchten ihre Arme ins Wasser 2.Es ging *(vāgārī)* das Gerücht, daß zehn Schif-

fe versenkt worden seien. 3. Der Priester besprengte den Altar mit dem Blut des Opfertiers *(victima, hostia)*.

b) *K*-Laut ist nur noch im Perfektstamm erkennbar:

[146]

fluere	*flūxī*		fließen
cōn-fluere			zusammenfließen
īn- fluere			hineinfließen
struere	*strūxī*	*strūc-tum*	bauen, (an)stiften
cōn-struere, ex-struere			erbauen, errichten
īn- struere			herrichten, einrichten, unterrichten
vivere	*vīx-ī*	*vīc-tum*	leben

1. Zwischen dem Gebiet *(fīnis*, Plur.) der Gallier und der Germanen fließt der Rhein. 2. Nach Athen strömten alle, die sich den Wissenschaften widmeten, (zusammen). 3. Gallische Heere strömten nach Italien ein und kämpften mit den Volksstämmen, die zwischen dem Apennin *(Appennīnus)* und den Alpen wohnten. 4. Die Soldaten bauten einen Damm. 5. Warum habt ihr Haß gegen *(in)* uns angestiftet? 6. Nach dem Krieg sind viele Häuser errichtet worden. 7. Das Zelt *(tabernaculum)* des Darius war mit aller Verschwendung *(luxus, ūs)* ausgestattet. 8. Caesar stellte die Kampffront *(aciēs)* auf. 9. Die Zeugen sind von dir unterrichtet worden. 10. Nicht alle werden bis zum höchsten Greisenalter leben. 11. Ich habe genug gelebt.

c) *ng*-Stämme

[147]

fingere	*fīnxī*	*fictum*	bilden, erdichten
pingere	*pīnxī*	*pictum*	malen
stringere	*strīnxī*	*strictum*	schnüren, streifen, zücken
dē-stringere			streifen, zücken
ob-stringere			verstricken, verpflichten

cingere	*cīnxī*	*cīnctum*	gürten, umgeben
iungere	*iūnxī*	*iūnctum*	verbinden, knüpfen
con-iungere			verbinden, vereinigen
sē- iungere			absondern, trennen
ex-stinguere	*ex-stinxī*	*ex-stinctum*	auslöschen, vernichten
dī-stinguere	*dī-stinxī*	*dī-stinctum*	unterscheiden

1. Die Natur hat den Menschen so (als solchen) gebildet, wie *(quālis)* er ist. 2. Stell dir im (bl. Abl.) Geist die Freude deiner Eltern vor *(fingere)*! 3. Ich werde nichts erdichten, sondern die Wahrheit (das Wahre) sagen. 4. Ein gewisser römischer Bauer wurde wegen eines erdichteten Verbrechens vor Gericht gebracht *(in iūs vocāre)*. 5. Apelles hat das gemalt. 6. Wir streiften die Blätter von den Zweigen. 7. Er zückte das Schwert. 8. Die Soldaten schlugen mit gezücktem Schwert (Plur.) die Feinde in die Flucht. 9. Der Vater mahnte den Sohn, sich nicht in (bl. Abl.) Schulden zu verstricken (Pass.). 10. Die Beamten waren durch Eid verpflichtet, zu schweigen (=daß sie schwiegen). 11. Ein Sumpf umgab den Hügel. 12. Die Soldaten verbanden die Ufer durch eine Brücke. 13. Wir waren durch alte Freundschaft verbunden. 14. Cicero sagte, er habe zu seinem Nutzen immer das Lateinische (Neutr. Plur.) mit dem Griechischen (Plur.) verbunden. 15. Die Alpen trennten Italien von Gallien 16. Das Feuer wurde ausgelöscht.

P-Stämme

[148]

scrībere	*scrīp-s-ī*	*scrīp-tum*	schreiben
cōn- scrībere	in eine Liste eintragen, *(cōpiās)* ausheben		
dē- scrībere	aufschreiben, beschreiben, einteilen		
īn- scrībere	mit einer Aufschrift versehen, betiteln		
prae-scrībere	vorschreiben, Vorschriften machen		
prō- scrībere	ächten		

nūbere	*nūp-s-ī*	*nūp-tum* (Dat.)	heiraten
carpere	*carp-s-ī*	*carp-tum*	pflücken
ex-cerpere	auswählen, Auszüge machen		

1. Über die Politik *(rēs publica)* mag ich *(libet)* nicht mehr schreiben. 2. Vorher habe ich viel geschrieben. 3. Cäsar hob in Italien zwei Legionen aus. 4. Mir scheint es schwierig zu sein, die römische Geschichte (= Dinge) von den Anfängen zu schreiben, weil vieles (Plur.) unsicher ist. 5. Livius und Sallustius haben die römische Geschichte beschrieben. 6. Plinius machte aus vielen Büchern Auszüge. 7. Cicero hat das Buch, das Laelius betitelt ist (=wird), an einen Freund über die Freundschaft geschrieben. 8. Die Güter der Verschworenen wurden eingezogen (= geächtet).

T-Stämme

Beachte die Lautregel:
T-Laut + *s* und *T-Laut* + *t* > *ss*, nach Langvokal > *s*

[149]

mittere	*mī-s-ī* *mis-sum*
	loslassen, gehen lassen, schicken
ā- mittere	aufgeben, verlieren
ad- mittere	zulassen
com- mittere	veranstalten, es darauf ankommen lassen, anvertrauen
dī- mittere	wegschicken, entlassen, aufgeben
ē- mittere	wegschicken, abschießen
inter-mittere	unterlassen, unterbrechen, dazwischentreten lassen, ungenutzt verstreichen lassen
ō- mittere	unterlassen, aufgeben
per- mittere	durchgehen lassen, erlauben
prae-mittere	vorausschicken [gehenlassen
praetermittere	vorübergehen lassen, ungestraft hin-

prō-	*mittere*	versprechen
sub-	*mittere*	senken, heimlich schicken
re-	*mittere*	zurückgehen lassen, lockerlassen, zugestehen, zugutehalten

1. Die Gallier schickten oft wegen Mangels an Ackerland Siedler *(colōnia)* über den Rhein. 2. Gib die Hoffnung nicht auf! 3. Niemand ist zugelassen. 4. Schauspiele sind veranstaltet worden. 5. Die Reiterei der Römer begann an einem ungünstigen *(aliēnus)* Gelände den Kampf mit der Reiterei der Helvetier. 6. Ein römisches Heer war von den Helvetiern unters Joch geschickt worden. 7. Der Führer der Helvetier warnte Caesar, er solle es nicht darauf ankommen lassen *(committere)*, daß der Platz, wo das römische Herr stehe (Konj. Impf.), seinen Namen aus der Niederlage des römischen Heeres habe (Konj. Impf.). 8. Vertraue nicht anderen Ohren an, was (Plur.) du nicht einmal deinem Freund anvertrauen würdest. 9. Caesar unterbrach den Marsch weder untertags noch nachts, um nach Gallien zu kommen. 10. Ich werde keinen Tag zum Studium der lateinischen Sprache ungenutzt verstreichen lassen. 11. Nach der Niederlage überließen sich die Gallier der Macht *(potestās)* der Römer. 12. Den Einwohnern wurde gestattet, die Stadt zu verlassen *(dēserere)*. 13. Caesar schickte die ganze Reiterei voraus. 14. Wollen wir keine Gelegenheit zu üben (des Übens) vorübergehen lassen! 15. Die Stämme hatten versprochen, Geiseln zu stellen (a.c.i. Fut.), unterließen es aber. 16. Caesar schickte den Seinigen germanische Reiter zu Hilfe *(submittere)*.

d-Ausfall vor -s-
dt > s (nach Langvokal)

[150]

claudere	*clausī*	*clausum*	schließen, abschneiden
con- cludere			ein-, abschließen
ex- cludere			ausschließen
in- cludere			einschließen
interclūdere			absperren, abschneiden
dīvidere	*dīvīsī*	*dīvīsum*	teilen, trennen
ē-vādere	*ē-vāsī*	*ē-vāsum*	entgehen, entrinnen
in-vādere			betreten, eindringen, befallen
laedere	*laesī*	*laesum*	verletzen
lūdere	*lūsī*	*lūsum*	spielen
il-lūdere			verspotten, verhöhnen

1. Die Türe *(iānua)* ist geschlossen; wer wird sie öffnen? 2. Die Fenster bleiben geschlossen. 3. Die Feinde schnitten dem Heer die Zufuhr *(commeātus, ūs)* ab. 4. Wollen wir diese Rede abschließen! 5. Schließt mich nicht aus von eurer Gemeinschaft! 6. Verbrecher *(homō nēfārius)* sollen in ein Gefängnis eingeschlossen werden! 7. Alle Wege *(iter)* waren abgesperrt. 8. Gallien ist in drei Teile geteilt. 9. Die Marne *(Matrona)* und die Seine *Sequana)* trennten die Gallier von den Belgiern. 10. Wollen wir eine List anwenden, damit wir aus den Händen der Feinde entrinnen! 11. Wir sind einer großen Gefahr entgangen. 12. Selten haben Feinde Italien betreten. 13. Habsucht ist in die Herzen vieler Menschen eingedrungen. 14. Verletzt die Ehrfurcht vor *(ergā)* Gott nicht! 15. Als wir Ball *(pilā)* spielten, drangen andere in den Spielplatz *(area)* ein und zogen gegen uns los. Aber wir entkamen in unseren Garten und verspotteten sie, weil sie aus dem Garten ausgeschlossen waren. 16. Alle befiel Traurigkeit.

[151]

cēdere ces-sī ces-sum	gehen, weichen
ac- cēdere	herantreten, dazu kommen
ante-cēdere	vorangehen, übertreffen
con- cēdere	gehen, zugestehen
dē- cēdere	weggehen, scheiden
dis- cēdere	auseinandergehen, weggehen
ex- cēdere	heraus-, hinausgehen, scheiden
inter-cēdere	dazwischentreten, -liegen
prō- cēdere	vorrücken,
re- cēdere	zurücktreten, zurückweichen
suc- cēdere	nachrücken, gelingen

1. Die Sache ging gut (günstig). 2. Als die Feinde aus dem Land gewichen waren, waren alle Dörfer niedergebrannt. 3. Der Soldat war durch eine Lanze, von der sein Arm gestreift worden war, schwer verwundet worden. Dazu kam Fieber. 12 Tage (Abl.) später *(post)* schied er aus dem Leben. 4. Caesar gestand den Helvetiern nicht zu, ihre Truppen durch die römische Provinz zu führen (= daß sie führten). 5. Die Boten gingen nach *(in)* allen Richtungen *(pars)* auseinander. 6. Der Feldherr ging vom Heer weg, um für (Dat.) Nachschub *(commeātus, ūs)* zu sorgen *(prōvidēre, cōnsulere;* damit er ... sorgte). 7. Große Wälder lagen zwischen Mosel *(Mosella)* und Rhein. 8. Die Soldaten wagten nicht, sich allzu weit *(longius)* vom Lager zu entfernen (= vorzurücken). 9. Wir werden niemals von unserer Pflicht zurückweichen. 10. Die Feinde rückten den Unsrigen ziemlich verwegen (Komp.) nach.

Liquida-Stämme

[152]

Beachte die Lautregel:
r vor s oder t > *s*.

gerere	*ges-sī*	*ges-tum*	(an sich, in sich) tragen, führen, ausführen
urere	*us-sī*	*us-tum*	verbrennen
comb-urere, *ex-urere*			völlig verbrennen

1. Die Germanen trugen Lanzen. 2. Als diese Dinge ausgeführt waren, führte der Feldherr das Heer ins Winterlager zurück. 3. Sallust hat beschlossen *(dēcernere)*, die Heldentaten (ausgeführten Dinge) des römischen Volkes zu beschreiben. 4. Gewisse Teile der Erde werden durch die Hitze der Sonne verbrannt. 5. Das Feuer verbrannte die Häuser. 6. Einige Volksstämme verbrannten ihre Dörfer und Gehöfte und wanderten aus.

ms > ss, mt > ms > ss

[153]

premere	*press-ī*	*pressum*	bedrängen, unterdrücken
ex-primere	*ex-pressī*	*ex-pressum*	ausdrücken
op-primere	*op-pressī*	*op-pressum*	überfallen, überwältigen

1. Der Tyrann unterdrückte die freie Meinung. 2. Der Redner hat die Dinge mit deutlichen (= ausgedrückten) Worten dargelegt. 3. Das Heer überwältigte die Feinde. 4. Von der Gewalt der Strömung (= des Flusses) überwältigt sanken (= wurden versenkt) die Schiffe. 5. Nicht selten überrascht (= überwältigt) der Tod die Menschen. 6. Wenn Catilina das Heer besiegt hätte, hätte sicherlich *(prōfectō)* ein großes Unglück *(cladēs)* den Staat betroffen (= überfallen).

Das Perfekt mit Dehnung des Stammvokals

a) ohne Ablaut

[154]

emere	*ēm-ī*	*em-p-tum*	nehmen, kaufen
ad-imere	*ad-ēm-ī*		wegnehmen
dir- imere			trennen
inter-imere			umbringen
red- imere			zurückkaufen
dēmere	*dēmp-s-ī*	*dēmptum*	wegnehmen
prōmere	*prōmp-s-ī*	*prōmptum*	hervorholen
sūmere	*sūmp-s-ī*	*sūmptum*	(an sich) nehmen
cōn-sūmere			verbrauchen

Beachte:

Bei *dēmere*, *prōmere*, *sūmere* ist der Stammvokal durch Vokalverschmelzung bereits im Präsensstamm gedehnt; er kann daher zur Bildung des Perfekts nicht mehr gedehnt werden. Diese Verba bewahren deshalb ihr ursprüngliches *s*-Perfekt. Das *-p-* ist durch die Aussprache verursacht.

1. Ich habe einen Acker gekauft. 2. Ich habe erfahren, daß du gestern ein Haus gekauft hast. 3. Der Arzt wird dir die Schmerzen nehmen. 4. Dieses Geschrei (Plur.) wird mich (noch) umbringen. 5. Wie werden wir die Gefangenen zurückkaufen können? 6. Du hast einen Teil des Geldes weggenommen. 7. Die Verschworenen haben den Dolch gezückt (= hervorgeholt) und Caesar umgebracht. 8. Sokrates nahm Gift. 9. Die ganze Zeit haben wir mit (= in) Studien verbracht (= verbraucht). 10. Ihr habt viel Mühe umsonst aufgewendet (= verbraucht). 11. Viele hat die Pest dahingerafft.

[155]

legere	*lēg-ī*	*lēc-tum*	lesen
per-legere			durchlesen

col-ligere	*col-lēg-ī*	sammeln
dē- ligere, ē-ligere		auswählen
intel-legere	*intel-lexī*	einsehen
neg- legere	*neg-lexī*	vernachlässigen
dī-ligere	*dī-lexī*	hochschätzen

1. Ich habe deinen Brief mit großer Freude gelesen. 2. Wir werden dein Buch durchlesen. 3. Sammelt Früchte und hebt sie auf (= bewahrt die gesammelten). 4. Wollen wir das Beste (Plur.) auswählen! 5. Ich habe deinen Großvater hochgeschätzt. 6. Du wirst später hochschätzen, was du bisher vernachlässigt hast. 7. Hast du eingesehen, daß du (dich) geirrt hast? 8. Gefahren, welche wir vorher nicht beachtet haben, werden wir nicht mehr unbeachtet lassen (= vernachlässigen).

[156]

edere	*ēd-ī*	*ēsum*	essen
davon: *ēsūrīre* (= essen wollen)			Hunger haben

1. Wollen wir essen; denn wir haben noch nicht gegessen. 2. Ihr habt gegessen und getrunken *(pōtāre)*; denn ihr hattet Hunger; nun mögt ihr schlafen!

b) mit Ablaut im Perfekt Aktiv

[157]

agere	*ēg-ī*	*āc-tum*	treiben, handeln, tun
per-agere			durchführen
red-igere			zurücktreiben
sub-igere			unterwerfen
cōgere	*co-ēgī*	*co-āc-tum*	zusammentreiben, zwingen
dēgere	*dēgī*		(Zeit) hinbringen

1. Was treibst du? 2. Nicht alles, was ich getrieben habe, ist (zu Ende) durchgeführt worden. 3. Nach getaner Arbeit ist gut ruhn (= angenehm sind getane Arbeiten). 4. Es ist nicht Zeit zu überlegen, sondern zu handeln (Gerund!). 5. In meinem ganzen Leben habe ich nichts

anderes getan, als *(nisi)* daß ich meine Pflicht erfüllte. 6. Die Reiterei der Römer ist von den Feinden ans Lager zurückgetrieben worden. 7. Die Römer haben viele Völker in ihre Macht gebracht (= zurückgetrieben). 8. Caesar hat aus den gallischen Stämmen *(civitās)* eine große Zahl von Reitern ausgehoben (= zusammengetrieben). 9. Die Stadt ist mit Gewalt zur (= in) Übergabe *(dēditiō)* gezwungen worden.

[158]

Unterscheide nach Verb, Betonung u. Bedeutung: *agimus*, *egimus*, *egemus*, *agemus*, *agamus*; *egerunt* (2), *egerent* (2); *pergimus*, *peregimus*, *delegi*, *dilexi*.

[159]

cōn-sīdere	*cōn-sīdo*	*cōn-sēdī*	sich niederlassen
pos-sīdere	*pos-sīdo*	*pos-sēdī*	in Besitz nehmen
		pos-sessum	

unterscheide davon:

pos-sidēre	*pos-sideo*	*pos-sēdī*	in Besitz haben,
		pos-sessum	besetzt halten

Die Formen des Perfektstamms und des P.P.P. sind also bei beiden Verben gleich. Auch andere Formen der beiden Verben können mißverstanden werden. Welche?

1. Die Soldaten versuchten die befestigten Plätze der Feinde einzunehmen (= in Besitz zu nehmen). 2. Die Sueben hatten sich am Rheinufer niedergelassen. 3. Die Helvetier hatten im Sinn, sich in Gallien niederzulassen.

Dehnungsperfekt mit *n*-Ausfall

a) ohne Ablaut

[160]

vincere	*vīc-ī*	*vic-tum*	siegen, besiegen
dē-vincere			völlig besiegen

con-vincere	nachweisen, (einer Schuld) überführen
re-linquere re-līqu-ī re-lic-tum	verlassen, zurücklassen, übriglassen
rumpere rūp-i rup-tum	brechen
cor-rumpere	verderben, verführen, bestechen
ē-rumpere	ausbrechen
ir-rumpere	hereinbrechen
fundere fūd-ī fūsum	gießen
cōn-fundere	verwirren
prō-fundere	vergießen

1. Ich kam, sah und siegte. 2. Es siegte im Senat die Meinung derer, die sagten, Friede sei besser *(praestāre)*. 3. Die Punier *(Poenī)* sind im zweiten punischen Krieg von den Römern völlig besiegt worden. 4. Eure Fehler habe ich in (Abl.) einer langen Rede nachgewiesen. 5. Ich werde dich größter Nachlässigkeit überführen. 6. Die Helvetier verließen ihr Vaterland, um neue Wohnsitze zu suchen. 7. Räuber haben mir außer dem Unglück nichts übriggelassen. 8. Ein einziger ist aus jenem ruchlosen *(nēfārius)* Morden übriggeblieben. 9. Die Gefangenen haben ihre Fesseln gebrochen und sind entkommen *(ēvādere)*. 10. Durch die Fluten ist die Brücke gebrochen. 11. Die Helvetier versuchten, ob *(si)* sie nachts durchbrechen könnten. 12. Die Jugend Roms (= der Römer) wurde durch Verschwendung und Habsucht verdorben. 13. Bring nicht Wahres und Falsches durcheinander (= vermische nicht)!

[161]

Sehr häufig werden *reliquus* und *relictus* verwechselt.

1. Caesar duas legiones in Britanniam traduxit. Reliquae copiae in Gallia relictae erant. 2. Caesar unam legionem ex castris eduxit; reliquae copiae impedimentis relictis consulebant.

b) mit Ablaut im Perfekt Aktiv

[162]

frangere	*frēg-i*	*frāc-tum*	brechen, schwächen, erschüttern

1. Wo hast du deinen Arm gebrochen? 2. Von dem treulosen Volksstamm wurde das Bündnis gebrochen. 3. Die Wucht des Sturmes ist gebrochen.

Das Perfekt mit Anlautwiederholung

a) Der Präsensstamm endet auf *-d*

[163]

cadere	*ce-cidī*	*cāsurus*	fallen
con-cidere	*con-cidī*		zusammenfallen
in-cidere			hineinfallen, geraten
oc-cidere			fallen, untergehen
ac-cidit			es ist zufällig, trifft sich
caedere	*ce-cīdī*	*caesum*	fällen
con-cīdere	*con-cīdī*	*concīsum*	zusammenhauen
oc-cīdere			niederhauen, töten, erschlagen

Merke: *cadere* fallen: *caedere* fällen!

1. Der Kranke erhob sich und brach sofort zusammen. 2. Mir ist nichts Schlimmeres *(gravis)* begegnet. Wenn mir was Schlimmeres begegnet wäre, hätte ich dir Nachricht gesandt. 3. Der Vater wurde schwer krank (= verfiel in eine gewisse schwere Krankheit). 4. Die Sonne ging unter. Nach dem Untergang der Sonne erschienen Mond und Sterne. 5. In der gleichen Nacht traf es sich, daß *(ut)* Vollmond war. 6. Viele Bäume sind gefällt worden. 7. Ungetreue Sklaven wurden ge-

wöhnlich mit Ruten *(virga)* gepeitscht *(caedere;* = pflegten gepeitscht zu werden). 8. Der Konsul wurde ermordet. 9. Ein großer Teil der Feinde ist niedergehauen worden.

[164]

Sehr häufig werden *accidere* und *accēdere* verwechselt.

1. Peropportune accidit mihi, ut diem natalem apud parentes celebrare possem. Huc accessit, ut parentes optima valetudine essent. Sperabam etiam sororem meam venturam esse, id, quod accidit. Quid accedet aliud ad hanc fortunam?

[165]

Hierher gehören die mit einsilbigen Präpositionen zusammengesetzten Ableitungen von *dare* geben; diese gehen auf zwei verschiedene Wortwurzeln zurück, die bedeuten:

1. geben, 2. setzen, tun.

1.	*dē-dere*	*dēdidī dēditum* übergeben, widmen
	ē-dere	herausgeben, veranstalten, veröffentlichen
	trā-dere	übergeben, überliefern
	red-dere	zurückgeben, wiedergeben
	ven-dere	»zum Verkauf geben«, verkaufen
2.	*ad-dere*	»hinzutun«, hinzufügen
	ab-dere	»wegtun«, verbergen
	con-dere	»zusammentun«, gründen, bergen, verbergen *(abs-condere)*, bestatten
	per-dere	(»durchtun«): zugrunderichten, verlieren
	prō-dere	(»hervortun«): hervorbringen, melden, überliefern, verraten
	crē-dere	vertrauen, glauben

1. Ich habe mich ganz dem Studium der Wissenschaften gewidmet. 2. Die Feinde übergaben sich und all das

Ihrige ohne Zögern *(mora, ae)*. 3. Es ist geschichtlich (= dem Gedächtnis) überliefert, daß Servius Tullius, ein König der Römer, als erster ohne Auftrag des Volkes König war. 4. Augustus soll (= wird überliefert) nach der Niederlage der Römer ausgerufen haben: »Varus, gib mir die Legionen wieder!« 5. Was ich griechisch (*Graecus*, Adv.) gelesen habe, werde ich lateinisch wiedergeben. 6. Die Bauern haben Vieh und Getreide (Plur.) gut verkauft. 7. Die Sugambrer hatten ihr Gebiet verlassen und sich in die Wälder versteckt. 8. Rom ist im zweiten Jahr der siebten Olympiade gegründet worden. 9. Eine Wolke verbarg die Gegend. 10. Wir glauben, daß es einen Gott gibt; das glaubten auch die Alten. 11. Viele verlieren ihre Zeit mit den müßigsten *(otiōsus)* Beschäftigungen.

b) Der Präsensstamm endet auf *-nd*

[166]

pendere	*pe-pend-ī*	*pensum*	abwägen, bezahlen
im-pendere	*im-pend-ī*	*im-pensum*	aufwenden
tendere	*te-tend-ī*	*tentum*	(aus)spannen, streben
at-tendere	*at-tend-ī*	*(animum)*	achtgeben
con-tendere	*con-tend-ī*	*con-tentum*	anspannen, sich anstrengen, behaupten, eilen, kämpfen
os-tendere	*os-tend-ī*	*os-tentum*	entgegenhalten, andeuten
scindere	*scid-ī*	*scissum*	spalten, schlitzen
re-scindere	*re-scid-ī*	*re-scissum*	einreißen, vernichten

1. Wir haben die Tatsachen, nicht die Worte abgewogen. 2. Den Mann werden wir nach seiner Tüchtigkeit, nicht nach seinem Vermögen beurteilen (= abwägen). 3. Warum habt ihr euer Geld für *(in)* unnützeste Dinge

aufgewandt? 4. Die Leute schwankten (= waren aufgehängt) zwischen Furcht und Hoffnung. 5. Die Frauen streckten (= spannten) die Arme zum Himmel. 6. Gebt acht auf das, was ich euch erzählen werde. 7. Die Helvetier kämpften in (bl. Abl.) fast täglichen Kämpfen mit den Germanen. 8. Caesar eilte ins jenseitige *(ulterior)* Gallien. 9. Caesar hielt den Gesandten der Helvetier entgegen, daß er niemandem den Weg durch die römische Provinz freigeben (= geben) könne. 10. Die Arbeiter spalteten die Buche mit Keilen *(cuneus)*. 11. Caesar brach die Brücke ab.

c) Der Präsensstamm endet auf *-ng*

n-Ausfall im Perfektstamm

[167]

tangere	*té-tig-ī*	*tactum*	berühren
at-tingere	*át-tig-ī*	*at-tactum*	berühren
con-tingere	*cōn-tig-ī*		berühren, treffen
con-ting-it,	*cón-tig-it*		es trifft sich, glückt
pungere	*pú-pug-ī*	*punctum*	stechen, verletzen,

1. Der Baum war vom Blitz getroffen (= vom Himmel berührt). 2. Dein Schmerz berührt mich nicht. 3. Es gelang dem Boten nicht, rechtzeitig dazusein (= daß er zu seiner Zeit da wäre). 4. Mit dem Griffel *(stilus)* hast du mich in die Hand gestochen. 5. Hast du eingesehen, was mich verletzt hatte (Konj.)? 6. Meine Landgüter grenzen an (= berühren) den Tiber.

d) Der Präsensstamm endet auf *-ll-* oder *-rr-*

[168]

fallere	*fe-fell-ī*	*(dē-ceptum)*	täuschen
falsus, a, um	falsch		wird nur als Adj. gebraucht.
pellere	*pe-pul-ī*	*pulsum*	schlagen, (ver)treiben
ap-pellere	*ap-pul-ī*	*ap-pulsum*	hintreiben, landen

ex-pellere	*ex-pulī*	*ex- pulsum*	austreiben, vertreiben
im-pellere	*im-pulī*	*im-pulsum*	antreiben
re-pellere	**rep-pulī**	*re- pulsum*	zurücktreiben
per-cellere	*per-culī*	*per-culsum*	erschüttern, niederschmettern
ē-vellere	*ē-vell-ī*	*ē-vulsum*	herausreißen
tollere	**sus-tuli**	**sub-latum**	erheben, wegnehmen, beseitigen

1. Die Hoffnung hat mich getäuscht. 2. Ich bin von falscher Erwartung getäuscht worden. 3. Die Kampffront der Feinde ist geschlagen. 4. Viele aus der Heimat Vertriebene haben neue Wohnsitze gesucht. 5. Caesar ist im Jahr 54 v. Chr. an der Küste von Britannien gelandet (= hat hingetrieben). 6. Die Matrosen haben das Schiff mit Rudern angetrieben. 7. Der Beamte ließ sich durch die Gier, Geld zu erwerben *(quaerere*, Gerund!), zu Betrug verleiten (= ist angetrieben worden). 8. Der Verdacht ist nicht beseitigt worden, konnte nicht beseitigt werden. 9. Du wirst den Baum nicht herausreißen können. 10. Mich hast du getäuscht, Gott wirst du nicht täuschen.

[169]

currere	*cu-curr-ī*	*cursum*	laufen
ac-currere	*ac(cu)-curr-ī*		herbeilaufen
con-currere	*con-curr-ī*		zusammenlaufen
oc-currere	*oc-curr-ī*		begegnen
per-currere	*per-curr-ī*		durchlaufen
suc-currere	*suc-curr-ī*		zu Hilfe eilen

1. Im Laufen (bl. Abl.) versuchten wir alle zu besiegen. 2. Alle liefen herbei, ergriffen mich bei (bl. Abl.) der Hand und wünschten mir Glück. 3. Zu den Druiden strömte eine große Zahl junger Leute um ihrer Lehre *(disciplīna)* willen *(causā)* zusammen. 4. Dem Brand

wurde mit Wasser abgeholfen (= begegnet). 5. Vieles habe ich mir durch den Kopf gehen lassen (= mit dem Geist durchlaufen). 6. Man darf *(licet)* nicht alles (Plur.) sagen, was (einem) einfällt. 7. Wir werden dir zu Hilfe kommen.

e) Die übrigen Verba mit Anlautwiederholung

[170]

parcere	*pe-perc-ī*	*parsūrus*	sparen, schonen
canere	*ce-cin-ī*		singen
bibere	*bibī*		trinken
sistere	*stet-ī*		*(sich)* stellen
circum-sistere			umringen
cōn-sistere			sich hinstellen, haltmachen; bestehen (aus)
dē- sistere			ablassen (von)
ex- sistere			hervorkommen, auftreten, werden
re- sistere			sich widersetzen
sub- sistere			haltmachen, standhalten

1. Die Feinde schonten weder Frauen noch Kinder. 2. Epaminondas soll (wird gesagt) herrlich zur (bl. Abl.) Laute *(fides, ium)* gesungen haben. 3. Eßt und trinkt, damit ihr fröhlich sein könnt! 4. Die Feinde umzingelten das Lager. 5. Die Soldaten machten halt und blieben (= verweilten) wegen der Verpflegung *(rēs frumentāria)* drei Tage *(triduum)*. 6. Die Helvetier schickten, durch Mangel an (Gen.) allem Notwendigen (= Dingen) veranlaßt, Gesandte, die sagen sollten (= sagten, Konj. Impf.), daß sie von ihrem Vorhaben *(conātus, sū)* Abstand nähmen (= abließen). 7. Schon oft entstand aus allzu großer (*nimius* allzu groß) Zügellosigkeit *(licentia)* Tyrannei (= ein Tyrann). 8. Die Feinde wagten nicht, Widerstand zu leisten, sondern flohen (= vertrauten sich der Flucht an). 9. Ich bin

als dein Verteidiger *(patrōnus)* aufgetreten, damit du nicht völlig verlassen bist (= wärst). 10. Der größte Teil der Nahrung *(victus, ūs)* der Germanen bestand aus Milch und Fleisch. 11. Die Feinde leisteten den Unsrigen nur kurz *(paulisper)* Widerstand.

Perfektstamm = Präsensstamm

a) *-nd-* und *-rt-*Stämme

[171]

Beachte wieder die Lautregel:

T-Laut + *t* nach Langvokal > *s*

ac-cendere	*ac-cend-ī*	*ac-censum*	an-zünden
in-cendere	entzünden, entflammen		[*tem)*
a-scendere	hinaufsteigen, besteigen *(equum, mon-*		
cōn-scendere	hinaufsteigen, besteigen (bes. *navem)*		
dē-scendere	herabsteigen *(dē equō, dē monte)*		
trān-scendere	übersteigen *(montēs)*		
dē-fendere	abwehren, verteidigen (»weg-stoßen«)		
of-fendere	anstoßen, beleidigen (»entgegenstoßen«)		
prehendere	fassen, ergreifen *(manum)*		
com-prehendere	ergreifen, erfassen *(sensibus)*		
dē-prehendere	ergreifen, ertappen		
re-prehendere	tadeln		
pandere	ausbreiten, ausstrecken		*passum*

1. Reichtum erweckt (= zündet an) Neid. 2. Alle waren von (Abl.) Sehnsucht nach (Gen.) Frieden erfüllt (=entflammt). 3. Wir steigen (stiegen) auf den Berg. 4. Wir bestiegen ein Schiff und fuhren *(vehor!)* nach Brundisium. 5. Die Wanderer stiegen von den höher gelegenen *(superior)* Stellen in die Ebene hinab. 6. Ich habe mich verteidigt, weil du mich beleidigt hast. 7. Der Verwalter *(vilicus)* traf, als er ans Landhaus gekommen war, alles anders an als *(atque)* er befohlen

hatte. 8. Schützt (= verteidigt) uns vor Unrecht! 9. Das Feuer ergriff die Bäume. 10. Die Einwohner überlegten, ob *(utrum)* sie die Stadt anzünden oder *(an)* verteidigen sollten. 11. Die Frauen liefen mit ausgebreiteten Händen aus dem brennenden Haus.

[172]

vertere vert-ī versum	wenden
ā- vertere	abwenden, abbringen
convertere	(her)umdrehen, wenden
ē- vertere	umstürzen, vernichten
animadvertere	wahrnehmen, rügen

aber:

re-vertī zurückkehren bildet die Formen des Präsensstammes passivisch (»sich zurückwenden«).

Perfekt: *re-vertī* ich bin zurückgekehrt,
re-versus zurückgekehrt.

1. Die Räuber wandten sich zur Flucht. 2. Das mögen die Götter zu Guten (= gut) wenden! 3. Seht, wie gewandelt (= gewendet) und verändert alles (Plur.) ist! 4. Durch verdorbene *(corrumpere)* Sitten kann der Staat von Grund aus *(funditus)* vernichtet werden. 5. Eure Freundschaft hat sich in schlimme *(gravis)* Feindschaft verwandelt. 6. Übersetze (= wende) diesen Satz aus unserer Sprache in die lateinische! Dieser Satz ist schlecht übersetzt. 7. Treue wird auch bei *(in)* Hunden beobachtet (=wahrgenommen) 8. Wir werden das verbessern, was von dir gerügt worden ist. 9. Kehr zurück! 10. Alle kehrten nach Hause zurück.

b) *v*-Stämme

[173]

solvere solv-ī solū-tum	lösen, auflösen, bezahlen
ab-solvere	befreien, freisprechen
dis-solvere	auflösen, abbrechen, abbezahlen

volvere	wälzen; hegen, erwägen *(in animō)*
ē-volvere	auseinanderrollen, aufschlagen

1. Löst die Anker! 2. Die Anker sind gelöst. 3. Der Angeklagte wurde von Schuld (Abl.) freigesprochen. 4. Schlagt die Bücher auf! 5. Sag, was du im Geist erwägst (Konj.)!

c) *u*- Stämme

[174]

ex-uere ex-u-ī ex-ū-tum	ausziehen, ablegen, berauben
ind- uere	anziehen, versehen (mit)
imb-uere	benetzen, besudeln, erfüllen (mit)
ab- luere	abwaschen
dī- luere	aufweichen, entkräften *(crīmen)*
pol-luere	beflecken, entweihen

1. Der Angeklagte legte alle Scham ab und leugnete, die Tat begangen *(perpetrāre)* zu haben. 2. Die Römer zogen am Morgen *(māne)* Tunica und Toga an. 3. Von Ruhmsucht erfüllt versuchte Katilina den römischen Staat zu vernichten *(ēvertere)*. 4. Man soll *(oportet)* Wunden nicht mit Wasser abwaschen. 5. Durch Ränke *(calumnia, ae)* werden Freundschaften oft gelockert (= aufgeweicht). 6. In Kriegen sind oft Heiligtümer entweiht worden. 7. Wir werden diesen Vorwurf entkräften.

[175]

minuere *dē-minuere* *com-minuere* *im-minuere*	vermindern, verringern, schmälern, schwächen
tribuere *at-tribuere*	zuteilen, zuschreiben, zuweisen, verleihen

1. Die Hoffnung auf (Gen.) Rettung hat sich gemindert (= ist gemindert worden). 2. Durch Verschwendung wird der Reichtum gemindert. 3. Durch Leidenschaften wird nicht nur der Körper, sondern auch der Geist geschwächt. 4. Der Feldherr schrieb den Sieg seinem Kriegsglück zu. 5. Als dem Caesar vom römischen Volk das diesseitige *(Cisalpīnus)* Gallien verliehen worden war, gewährte *(dēcernere)* der Senat ihm auch das jenseits der Alpen gelegene *(Trānsalpīnus)* Gallien. 6. Gott gewähre den Ländern Frieden!

[176]

ruere	rennen, stürzen, eilen
cor-ruere	einstürzen, zusammenbrechen, zugrundegehen *(cór-rutus)*
ir-ruere	(blind) hineinstürzen
dī-ruere	einreißen, zerstören *(dí-rutus)*
ob-ruere	überschütten *(ób-rutus)*
con-gruere	aufeinandertreffen, übereinstimmen

1. Wohin eilt ihr, Verwegene? 2. Durch ein Erdbeben stürzten viele Häuser zusammen. 3. Stürzt nicht blind in die Gefahr! 4. Von den Feinden sind viele Häuser zerstört oder niedergebrannt worden. 5. Vieles (Plur.) ist in Vergessenheit geraten (= von Vergessenheit überschüttet werden). 6. Die Latiner stimmten in (= durch) Sprache und Sitten überein.

[177]

statuere	etw. festsetzen, eine Entscheidung fällen, bestimmen a) der Ansicht sein, daß etw. ist (a. c. i.), b) beschließen, daß etw. sein soll (ut), c) sich entscheiden, etw. zu tun (Inf.)
cōn-stituere	aufstellen, festsetzen, ordnen, anordnen, beschließen, etw. zu tun

dē-stituere	(wegstellen), hilflos zurücklassen, täuschen, hinters Licht führen
in-stituere	aufstellen, einrichten, anordnen, in Ordnung bringen, unterrichten
re-stituere	wiederherstellen

1. Der Feldherr entschied über den Verräter selbst. 2. Caesar war der Ansicht, den Rhein mit Schiffen zu überqueren *(transīre)* sei nicht genügend sicher. 3. Die Feinde hatten die Fußtruppen an höher gelegenen *(superior)* Punkten *(locus)* aufgestellt. 4. Caesar beschloß in Gallien zu überwintern *(hiemāre)*. 5. Caesar eilte *(mātūrāre)*, wie er beschlossen hatte, nach Italien und ordnete eine Aushebung *(dīlectus, ūs)* an (= eine Aushebung zu haben). 6. Vercingetorix setzte für (Dat.) die gallischen Stämme *(civitās)* Geiseln *(obses, idis)* fest. 7. Caesar ordnete an, Alesia mit einem Wall zu umgeben *(circumvallāre)*. 8. Weil ich von deinen Versprechungen (= Versprochenem, Plur.) hinters Licht geführt worden war, bin ich in großes Unglück geraten (= hineingefallen). 9. Ein Staat muß so geordnet sein, daß er ewig ist. 10. Du hast dich entschlossen, aus Asien zurückzukehren. 11. Die Mauern sind nach dem Krieg wiederhergestellt worden.

[178]

acuere	*acu-ī*	schärfen
arguere	*argu-ī*	beschuldigen
co-arguere		beweisen, widerlegen, (einer Schuld) überführen
metuere	*metuī*	fürchten
ad-nuere	*ad-nuī*	zunicken, zusagen
ab-nuere	*ab-nuī*	abwinken, verweigern
re-spuere	*re-spuī*	(»zurückspucken«), zurückweisen
pluit	*pluit*	es regnet

1. Durch das Studium der Wissenschaften wird der Geist der jungen Leute geschärft. 2. Ich habe dich weder beschuldigt noch reingewaschen *(purgāre)*. 3. Der Richter hat den Angeklagten in allen Punkten *(rēs)* überführt. 4. Von unseren Feinden fürchten wir Heimtücke (= Hinterhalt). 5. Der scheidende Freund nickte mit dem Kopfe. 6. Das besiegte Volk wies die Friedensbedingungen zurück.

Verba ohne Perfekt

[179]

visere	besuchen
metere	ernten
furere	rasen
vergere	sich neigen

ex-cellere hervorragen, sich auszeichnen *(praeter ceterōs)*
ante-cellere übertreffen *(aliōs)*, überlegen sein *(omnibus)*

1. Der Verwalter *(vilicus)* hatte im Sinn, das Haus zu besuchen, das er kaufen wollte (= im Begriff war zu kaufen). 2. Die Bauern waren mit der Ernte beschäftigt (= mit Ernten, Gerund). 3. Fleißige sind im Leben Faulen weit *(longē)* überlegen. 4. Es rast der Sturm. 5. Der Wald erstreckt (= neigt) sich nach *(in)* Norden und Westen. 6. Der Tag neigt sich schon.

Präsensstämme mit -*i*-Erweiterung

[180]

Einige Verba der konsonantischen Konjugation mit kurzer Stammsilbe erweitern den Präsensstamm durch kurzes -*i*-, wenn der Ausgang der Verbalform mit Vokal beginnt.

fac-*i*-o	fac-*i*-unt	fac-*i*-am	fac-*i*-ebam
ag - o	ag - unt	ag - am	ag - ebam

Dagegen:

fac-*i*-s	fac-*i*-tis	fac-*e*-re	fac-*e*-rem
ag- *i*-s	ag-*i*-tis	ag-*e*-re	ag-*e*-rem

Das Perfekt wird wie in den übrigen Konjugationen gebildet

mit *-v-:*

cupere *cupio* *cupīvī* *cupītum* wünschen

mit *-u-:*

rapere *rapio* *rap-u-ī* *rap-tum* raffen, rauben

mit *-s-:*

con-cutere *con-cutio* *con-cussi* *con-cussum* erschüttern
cōn-spicere *cōnspicio* *cōnspexi* *cōnspectum* erblicken
al-licere *al-licio* *al-lexi* *al-lectum* anlocken
aber: *ē-licere* *ē-licio* *ē-licui* *ē-licitum* herauslocken

mit Dehnung des Stammvokals:

a) ohne Ablaut:

fodere *fodio* *fōd-ī* *fossum* graben
fugere *fugio* *fūg-ī* *fug-i-tūrus* fliehen

b) mit Ablaut im Perf. Akt.:

capere *capio* *cēp-ī* *cap-tum* fassen, fangen
facere *facio* *fēc-i* *fac-tum* tun, machen
iacere *iacio* *iēc-ī* *iac-tum* werfen

mit Anlautwiederholung:

parere pario pe-per-ī par-tum par-i-tūrus gebären

Wiederhole die Komposita nach der Grammatik!
Beachte den Imperativ: *fac!* tu! mach!
Vgl.: *dīc* sage! *dūc* führe!
Aber: *cōnfice! perfice!* (einsilbige Komposita!)

Über die Etrusker

(Wiederholung der Verba mit *-i*-Erweiterung)

[181]

Du hast gestern von mir Geld bekommen, um mir das Buch zu kaufen, das ich vor einigen Tagen beim Buchhändler *(librārius)* gesehen (= erblickt)hatte. Der Titel jenes Buches hat mich verlockt, es zu lesen. Als ich das Buch angeschaut hatte, wünschte ich es zu besitzen. Denn aus dem Buch habe ich vieles über die Etrusker *(Tuscī, Etruscī)* erfahren, was ich noch nicht wußte.

Neulich ist eine (gewisse) etruskische Stadt ausgegraben worden. Die Arbeiter, denen ein sehr bedeutender Gelehrter beigegeben (= an die Spitze gestellt worden) war, begannen, die Oberfläche *(superficiēs, ēī)* der Erde mit Maschinen *(māchinātiō)* zu durchbohren und die Gräber zu öffnen.

Vielleicht ist dir bekannt, daß die Etrusker das Land, das auf dem rechten Tiberufer liegt (= gelegen ist), bewohnt hatten. Aber durch ihre Zwietracht und ihren Luxus gelang es den Römern, ihre Städte zu unterwerfen und ein Bündnis mit ihnen zu schließen. Viele Einrichtungen und heilige Bräuche *(sacra)* wurden zwar von den Römern übernommen, aber die Macht *(opēs)* dieses (= jenes) Volkes war für immer *(in perpetuum)* gebrochen.

Belagerung einer Burg

(Wiederholung der Verba mit -*i*-Erweiterung)

[182]

Jedesmal wenn (*cum*, Ind.) Senat und Volk von Rom mit einem Volksstamm, der abgefallen war, einen Krieg zu führen (= zu machen) beschlossen hatten, hoben sie Truppen aus (= schrieben sie zus.) und stellten für (Dat.) das Heer einen der beiden Konsuln (mit *alter!*) als Befehlshaber auf *(praeficere)*. Dieser führte Heer und Reiterei in Eilmärschen gegen *(ad)* die Feinde. Dort brannten sie das Getreide nieder und zündeten die Häuser an. Die Einwohner des flachen Landes (= der Äcker) flüchteten in die festen Plätze *(oppidum)*.

Eine Stadt einzunehmen war schwierig. Deshalb faßte der Führer des Heeres meist den Plan, die Städter durch eine Belagerung zu zwingen, daß sie die Waffen wegwarfen *(prōicere)* und die Tore öffneten. Denn die festen Plätze waren mit Mauern umgeben, die nicht leicht *(haud facile)* eingerissen *(dīruere, dēstruere)* werden konnten. Deshalb warfen diejenigen, die die Stadt belagerten, oft große Steine von Wurfmaschinen *(tormentum, ī)* gegen die Mauer oder sie bauten Türme, die sie an die Mauer heranbewegten, damit sie auf gleicher Höhe mit den Städtern kämpfen könnten. Manchmal trieben *(agere)* sie einen unterirdischen Gang *(cuniculus* »Kaninchen«) in die Stadt, um sie dadurch (= auf diese Weise) einzunehmen, oder sehr tapfere Soldaten stiegen nachts heimlich auf die Mauer, um die Feinde zu überraschen und die Tore zu öffnen.

Inzwischen umgaben sie die Festung mit einem Wall *(circumvallāre)*, damit die Städter nicht plötzlich (irgend) einen Ausfall *(ēruptiō)* machten und aus der Stadt entfliehen könnten. Selten gelang es, durch List die Städter herauszulocken; denn meistens sahen diese ein, daß sie durch leere *(vānus)* Versprechungen *(pollicitātiō)* verlockt würden. Deshalb nahmen sie mit umso größerem Eifer alle Strapazen auf sich.

Aber nach wenigen Monaten begann ihnen das Getreide auszugehen (= sie im Stich zu lassen); sie wurden von Hunger gequält und konnten sich von den täglichen Anstrengungen nicht mehr erholen. Viele waren durch Wunden erschöpft *(cōnficere)*. Weil sie aus diesem Grunde nicht mehr Widerstand leisten konnten, eroberten die römischen Legionen schließlich die Stadt.

Die Einwohner der Stadt wurden oft getötet oder versklavt *(in servitūtem redigere)*, die Führer hingerichtet *(securī percutere)*.

Präsensstämme mit *-sc-*Erweiterung

[183]

In einem Präsensstamm, der durch angefügtes *-sc-* erweitert ist, wird gewöhnlich ausgedrückt, daß sich der Vorgang allmählich vollzieht.

vale-o	ich bin stark, bin gesund
con-valē-sc-o	ich werde stark, werde gesund

Der Perfektstamm bezeichnet abgeschlossene Vorgänge; er wird daher ohne *-sc-* gebildet:

con-val-uī	ich bin stark, gesund (geworden)

Solche Verba mit *-sc-*Erweiterung im Präsensstamm sind abgeleitet

a) von Wortwurzeln:

pā-sc- ere	weiden	vgl. *pā-bulum*	Futter
pō-sc- ere	fordern,	vgl. *po-stulāre*	fordern
crē-sc-ere	wachsen,	vgl. *cre-āre*	schaffen

b) von einem Verbum; mit diesem bilden sie gleiches Perfekt:

in-veterā-sc-ere	einwurzeln	*in-veterā-vī*
con-cupī-sc-ere	begehren	*con-cupī-vī*
con-suē-sc-ere	sich gewöhnen	*con-suē-vī*
i-gnō-sc-ere	verzeihen	*i-gnō-vī*
ex-ardē-sc-ere	sich entzünden, auflodern	*ex-arsī*

c) von einem Nomen:

per-crēbrē-sc-ere	häufiger werden	*per-crēbruit*
in-gravē-sc-ere	sich verschlimmern	—
il-lucē-sc-it	es wird Tag	*il-luxit*

a) Aktive Verba mit *-sc-*Erweiterung

[184]

1. Du lernst jetzt, was viele vor dir schon längst gelernt haben. 2. Füttere die Vögel im Winter! 3. Auch die Bäume wachsen nicht in den Himmel (= ins Unge-

messene). 4. Der Fluß war durch die Schneemassen gestiegen (= gewachsen). Allmählich fiel (= nahm ab) das Wasser (Plur.) wieder. 5. Die Toten mögen in Frieden ruhen! 6. Der Sohn bat den Vater, ihm zu verzeihen (= daß er verzeihe, Konj. Impf.).

Ein Brief

(Wiederholung der aktiven Verba mit *-sc*-Erweiterung)

[185]

Antonius grüßt Marcus

Es hat sich das Gerücht verbreitet, du seist krank gewesen; aber jetzt bist du wieder gesund geworden. Weil du nun (= bisher) genügend ausgeruht bist, wirst du wiederaufleben. Denn durch Schlaf und Ruhe wachsen die Kräfte des Körpers. Aber sieh zu, daß durch die Krankheit des Körpers nicht dein Geist nachläßt (= abnimmt)! Denn wenn der Geist nicht geübt wird, erlahmt (= vergreist) er. Richte daher (beim Imperativ: *proinde*) täglich, sobald *(ubi)* du aufgewacht bist, deinen Geist auf das, was du dir vorgenommen hast! Weide deine Gesinnung an den Dingen, an denen du dich begeistern (= entflammen) kannst! Nachdem du aufgestanden bist, mußt (mit *oportet*) du dich mit kaltem Wasser waschen, dann das Frühstück *(prandium)* einnehmen *(gūstāre* »kosten«), nicht zuviel; dann schlag deine Bücher auf und versenke dich ganz in (bl. Abl.) das Studium der Wissenschaften! Denn wenn du nicht (als) Heranwachsender leidenschaftlich darnach verlangst, dich den Wissenschaften zu widmen, wirst du als junger Mann nicht gewohnt sein, die Wahrheit zu erforschen. Nicht alles freilich, was du als Knabe gelernt hast, wirst du als Mann im Gedächtnis behalten. Vieles verschwindet (verflüchtigt sich), aber sehr vieles bleibt gleichsam als eine Art Grundlage deines Wissens.

Warum stöhnst du dann, wenn es Zeit ist, die Schule zu besuchen (Gerund!)? Nichts Anständigeres können Eltern ihren Kindern bieten (gewähren) als die Pflege nicht nur des (Plur.) Körpers, sondern auch des (Plur.) Geistes. Was du als Bub geübt hast, bleibt gleichsam als eingepflanzte und eingewurzelte Gewohnheit bis ins Alter. Leb wohl!

b) Deponentia mit *-sc*-Erweiterung

[186]

adipīscī	einholen, erreichen	*ad-ipī-sc-or*	*ad-eptus sum*
nancīscī	zufällig bekommen, erreichen, antreffen	*nancī-sc-or*	*nactus sum*
re-minīscī	sich erinnern	*re-minī-sc-or*	*re-cordātus sum*
oblivīscī	vergessen	*ob-līvī-sc-or*	*oblītus sum*
pacīscī	Vertrag schließen	*pacī-sc-or*	*pactus sum*
prōficīscī	aufbrechen, sich aufmachen	*prō-fici-sc-or*	*prōfectus sum*
ulcīscī	sich rächen, strafen	*ulcī-sc-or*	*ultus sum*
nāscī	geboren werden, stammen	*nā-sc-or*	*nātus sum*
īrāscī	zürnen	*irāsc-or*	*īrātus sum*
vēscī	sich nähren		

1. Die Reiterei holte die Fliehenden ein. 2. Ich habe (mir), ich weiß nicht wie, eine Krankheit geholt (= bekommen). 3. Ich treffe dich selten untätig an. 4. Die hier geboren werden, mögen sich an (Gen.) die Tüchtigkeit der Vorfahren erinnern! 5. Um anderes zu vergessen, habe ich mich gewöhnt mich ganz der Wissenschaft zu widmen. 6. Mein Vater ist gestern nach Rom abgereist. 7. Caesar stammte aus (bl. Abl.) vornehmem Geschlecht. 8. Die Germanen nährten sich meist von (bl. Abl.) Milch und Fleisch. 9. Ich bin sehr zornig.

Die übrigen Deponentia der konsonantischen Konjugation

[187]

lābī	gleiten	*lābor*	*lāpsus sum*
dī-lābī	auseinandergleiten, zerfallen		
ē-lābī	entgleiten, entkommen		
nītī	sich stemmen,		*nīsus (nīxus) sum*
ē-nītī	sich stützen, eifrig auf etw. hinarbeiten		
ūtī	Gebrauch machen von, sich bedienen, verkehren mit (Abl.)	*ūtor*	*ūsus sum*
frūī	genießen (Abl.)	*frūor*	*frūiturus*
fungī	besorgen verwalten (Abl.)		*functus sum*
dē-fungī	hinter sich bringen, überstehen *(morbō)*		
querī	klagen	*queror*	*questus sum*
loquī	sprechen	*loquor*	*locūtus sum*
al-loquī	ansprechen		
col-loquī	sich unterreden		
sequī	(ver-)folgen, erstreben (Akk.)		*secūtus sum*
as-sequī	einholen, erreichen		
cōn-sequī	nachfolgen, einholen, erzielen		
per-sequī	verfolgen		
sub-sequī	auf dem Fuße folgen		
amplectī	umfassen	*amplector*	*amplexus sum*
complectī	liebevoll umfassen, hegen und pflegen		

mit *i*-Erweiterung:

morī	sterben	*morior*	*mortuus sum*
gradī	schreiten	*gradior*	*gressus sum*
ag-gredī	angreifen		
con-gredī	zusammentreffen, kämpfen		
ē- gredī	herausgehen, überschreiten		
prō-gredī	vorrücken		
patī	leiden, dulden, lassen	*patior*	*passus sum*

Semideponentia

[188]

Passiven Perfektstamm bilden

cōn-fīdere	vertrauen	*cōnfīdo*	*confīsus sum*
dif-fīdere	mißtrauen	*diffīdo*	*diffīsus sum*

Passiven Präsensstamm bilden

re-vertī	zurückkehren	*revertor*	*revertī*
dē-vertī	einkehren	*dēvertor*	*dēvertī*

[189]

1. Das Buch ist (aus) meinen Händen entglitten. 2. In (= durch) Eintracht gedeihen kleine Dinge, durch Zwietracht zerfallen die größten. 3. Der Reiter glitt von dem durchschossenen Pferd. 4. Der alte Mann stützte sich auf einen Stock. 5. Als sich der Tag dem Abend zuneigte, strengten sich die Legionen an, um ins Lager zu kommen. 6. Ich werde deine Bemühung in Anspruch nehmen, wenn die Notwendigkeit es erfordert (Fut.). 7. Die Sabiner klagten, die Römer hätten die Abmachung der Gastfreundschaft verletzt und gebrochen. 8. Von überall erhob sich Geschrei. 9. Caesar stellte für (Dat.) Dumnorix Aufpasser (Wächter) auf, um erfahren zu können, was er treibe und mit wem er spreche. 10. Folgen wir dem Brauch (Plur.) der Vorfahren! 11. Manche können das, was sie sich vorgenommen haben, aus Bequemlichkeit (= Faulheit) nicht erreichen. 12. Reiter haben die Feinde verfolgt und einige getötet. 13. Caesar hatte die Reiterei vorausgeschickt und folgte mit allen Truppen. 14. Die Mutter umarmte den Sohn, der unversehrt zurückgekehrt war, unter (= mit) vielen Tränen. 15. Die Beredsamkeit haben die Römer besonders gepflegt (= umarmt), die Griechen die Philosophie. 16. Weise sehen ein, daß wir täglich sterben; denn täglich entschwindet ein Teil des Lebens. 17. Sei gegrüßt, Kaiser; die Todgeweihten

grüßen dich (Gruß der Gladiatoren vor dem Kampf). 18. Die Germanen sind oft mit den Helvetiern aneinandergeraten. 19. Die Germanen duldeten grundsätzlich *(omnīno)* nicht, daß Wein eingeführt werde, weil sie glaubten, dadurch würden die Menschen verweichlicht. 20. Die Feinde, die auf einen ungünstigeren Platz vorgerückt waren, wandten sich zur Flucht (= wandten die Rücken). 21. Die Reiterei griff die Truppen der Feinde überraschend an. 22. Frieden zu genießen, wünschen alle Gutgesinnten (= Guten).

Polyphem
(Schluß)

[190]

Du hast gehört, daß Odysseus jenes Ungeheuer nicht mit dem Schwert durchbohrte, sondern beschloß, eine List zu gebrauchen.

Als Polyphem am nächsten Tag gegen Abend wieder zwei Gefährten fing und verschlang (Plusqu.), näherte sich Odysseus zitternd dem Cyclopen und sagte: »Du hast gespeist; aber es fehlt dir etwas zu trinken (= Trank). Schau, was ich dir anbiete!« Mit diesen Worten goß er sehr süßen Wein, den er mit (sich) gebracht hatte, in einen großen Krug und reichte ihn dem gierigen Ungeheuer. Der Cyclop aber forderte, als er gekostet hatte, immer und immer wieder Wein, und, schon berauscht, fragte er den Odysseus, wie er heiße. Schlau antwortete Odysseus: »Ich heiße (= mir ist der Name) Niemand. Niemand nannten mich meine Eltern.« — »Niemand«, sagte der Cyclop, »werde ich als letzten verzehren.« Dann sank (= stürzte) er zusammen und erbrach, was er verschlungen hatte.

Hierauf stießen (hefteten) Odysseus und seine Gefährten einen gespitzten Pfahl, dessen Spitze sie im Feuer glühend gemacht hatten, in das Auge des Ungeheuers. Dieses brüllte wie ein rasender Stier, so daß die anderen Cyclopen erschreckt herbeiströmten und vor der Höhle stehend fragten, was ihn denn quäle. Polyphem, vor Schmerz fast wahnsinnig, schrie: »Niemand hat mich geblendet. Niemand will mich umbringen.« Die Cyklopen antworteten: »Wenn du, obwohl niemand dich quält, trotzdem mit deinem Gebrüll die Höhle erfüllst, sieht es so aus (= scheinst du), als wärest du verrückt. Bitte deinen Vater Neptun, er möge dich von deiner schweren Krankheit befreien!« Mit diesen Worten kehrten sie in ihre Höhlen zurück.

Am Morgen aber stieß Polyphem den Felsen, mit dem er die Höhle verschlossen hatte, weg und ließ sich am Eingang nieder, damit keiner von den Griechen entfliehen könne. Die aber hatten je drei Widder zusammengebunden, und, unter dem mittleren Widder hängend, entkamen sie. Als sie die Schafe in das Schiff getrieben hatten, lösten sie den Anker und fuhren auf das hohe Meer hinaus.

B LÖSUNGEN

Antworten und Übersetzungen
der Übungen [101] — [190]

PRONOMINA

Die Fragepronomina

[101]

1. Quis te vidit? 2. Quem audivistis? 3. Quid sentis? 4. Quis vos adiuvit? 5. Cuius mens (animus) tam prudens est, ut omnes difficultates provideat? 6. Cui dii favebunt? 7. A quo hoc comperisti? 8. Quocum Romae fuisti? 9. Unde venisti? 10. Ubi Roma sita est? 11. Quo festinas? 12. Quod nomen tibi est? 13. Quantae curae te vexant? 14. Quales homines erant, qui hoc invenerunt?[1] *15. Quomodo quemadmodum dormivisti?*

[102]

1. Flesne? 2. Tacesne? 3. Ridesne? 4. Terrentne te istae opiniones? 5. Suscensesne mihi? 6. Nonne vides haec monumenta? 7. Nonne multa audivistis? 8. Nonne consilia mea probavistis? 9. Nonne vides, quo veneris? 10. Numquamne erravisti?

Die Satzfrage

[103]

1. Num vos vexavimus? 2. Num peccamus? 3. Num haec (hae res) tibi parva (parvae) esse videntur? 4. Num heri aegrotus fuisti? 5. Num erga eos ingratus esse potes, qui tibi vitam et victum dederunt?

Die nichtbestimmenden Pronomina
(Indefinitpronomina)

[104]

1. Aliquis te vidit. 2. Aliquo casu servatus sum. 3. Si quid scirem, omnia explicarem. 4. Si aliqua spes fuisset, medicus hominem aegrotum servavisset. 5. Si alicuius iniuriae mihi conscius fuissem, non venissem. 6. Incertum est, num quid reperias. 7. Cum quid audivisset, perterritus est. 8. Si quando occasio nobis erit, veniemus. 9. Homines prudentes memoriae aliquid utile, non nugas mandant.

[1]) Beachte die Betonung der Perfektendung ***-ērunt!***

quidam

[105]

1. Sunt quaedam res, quae mihi ignotae sunt. 2. Mirus (mirificus) quidam casus mihi intervenit (obvenit). 3. Opiniones quorundam philosophorum falsae sunt. 4. Suspiciones quaedam odiosae divulgantur. 5. Incredibili quadam celeritate venit. 6. Pauci homines imagines quaedam virtutis sunt. 7. Naturali quodam vinculo homines inter se consociantur. 8. Avium quarundam genera ab hominibus ad cenam parantur et devorantur.

quidem

[106]

1. Mich wirst du nicht überzeugen (überreden). 2. Er war der allerstandhafteste. 3. Ich stimme dir nicht bei. 4. Es sind zwar sehr viele Denkmäler des Altertums zerstört, aber es bleiben noch viele Überreste. 5. Der Schein klagt mich zwar an, aber ich bin unschuldig. 6. Nach meiner Meinung urteilst du falsch.

ne — quidem

[107]

1. Ne hieme quidem. 2. Ne avis quidem. 3. Ne reliquiae quidem. 4. Ne apud inferos quidem. 5. Ne in adversis quidem rebus. 6. Ne in ripa quidem fluvii, ne in fluvii quidem ripa. 7. Ne signa quidem legionis servari potuerunt. 8. Ne his quidem temporibus beatitudinem (fortunam) aeternam (sempiternam) speramus. 9. Ne motu quidem terrae homines commovebantur, ut eam regionem vitarent.

nemo, nihil, nullus

[108]

1. Nemo te propter hanc rem vituperabit aut accusabit. 2. Hoc nemini spopondi. 3. Hoc a nullo vetitum est. 4. A nullo adiuti sumus. 5. Nullius merita ita laudata sunt ut tua. 6. Nihil facilius est quam hoc (levius hieße: leichter an Gewicht!*). 7. Nihil postulo de his rebus.*

8. Nulla re homines generosi magis violari possunt quam odio hominum. 9. Nullius rei me magis taedet quam malitiae (malignitatis) hominum. 10. Haec nemini nocent. 11. Nulla re egebamus. 12. Nulli rei favebimus, quae nobis obest (nocet).

[109]

1. Haec (hoc) nemo umquam affirmavit. 2. De hac re nihil umquam audivi. 3. Nemo umquam vere beatus fuit, qui divitias magis amavit quam virtutem. 4. Nemo umquam mihi carior erat quam tu. 5. Nemini umquam gratior fui quam tibi. 6. Nullum umquam medicamen (medicamentum) melius inveni quam hoc.

alius, alter

[110]

1. Alii me deridebunt (irridebunt), sed ego officium meum expleo. 2. Alias res repudio. 3. Ex aliis partibus venerunt. 4. Alii ridebant, alii flebant. 5. Saepe difficile est, alteri aliquid utile suadere. 6. Erant duo itinera, alterum per vallem, alterum per montes. 7. Duos dies in Italia manebam, alterum Romae, alterum Pompeis. 8. Tu es mihi alter frater. 9. Nonnulla ipse vidi, alia ab aliis comperi. 10. Id (hoc) in aliud tempus conservabo.

Das Reflexivpronomen

[111]

1. **a)** seinen eigenen Freund: *suum amicum vidit;*
   b) den Fr. eines andern = dessen Fr.: *amicum eius.*
2. **a)** ihrem (einer Frau) Ruhm: *gloriae eius invidebant;*
   b) dem Ruhm anderer Leute: *gloriae eorum.*
3. *Odium eius timebat.*
4. **a)** der Hilfe einer Frau: *auxilio eius egebant;*
   b) der Hilfe anderer: *eorum auxilio egebant.*
5. **a)** und **b)** wie 4.: *sortem eius, eorum dolebant;*
   c) ihr eigenes Los: *sortem suam dolebant.*

DAS GERUNDIUM
(der deklinierte Infinitiv Aktiv als Substantiv)

[112]

1. Errare humanum est. 2. Tempus exspectandi nobis longum erat. 3. Exercendo corpora firmantur (corroborantur). 4. In Alpibus multae occasiones migrandi sunt. 5. Nunc non est tempus ridendi, sed laborandi. 6. Multi viri et feminae nobiles equitando student. 7. Da mihi unum diem ad deliberandum! 8. Iustam causam postulandi non habes. 9. Flendo a me nihil impetrabis.

ABHÄNGIGE AUSSAGEN
Der Akkusativ mit Infinitiv
(a.c.i.)

[113]

videre, sentire, comperire, audire,
sperare, polliceri, minari, iurare,
persuadere, putare, existimare, narrare, dicere,
confirmare, certiorem facere, nuntiare, gaudere, dolere,
iubeo, veto, cogo, sino, volo, nolo, patior,
decet, necesse est, oportet, manifestum est,
perspicuum est, verisimile est, constat, apparet.

[114]

1. Wir sind der Ansicht, daß wir unsere Pfl. getan h.
2. Glaubt ja nicht, daß ihr ungestraft davonkommt.
3. Ich sehe ein, daß ich ungerecht gehandelt habe.
4. Ich glaube, daß ich fleißig genug bin.

Die infinitivische Art ist im Deutschen nur möglich, wenn die infinitivische Aussage und der übergeordnete Satz gleiches Subjekt haben.

[115]

1. Ich höre, daß die Vögel singen: *audio aves cantare.*
2. Ich weiß, daß keiner klüger ist: *scio neminem pruden-*

tiorem esse. 3. Wir wissen alle, daß das nicht wahr ist: *nos omnes scimus haec vera non esse.* 4. Die Einwohner meldeten, daß viele Germanen Äcker in Gallien besäßen: *incolae nuntiabant multos Germanos agros in Gallia possidere.* 5. Dies eine steht fest, daß die Welt rund ist: *hoc unum constat mundum rotundum esse.* 6. Es ist gemeldet worden, daß Reiter sich dem Hügel nähern: *nuntiatum est equites colli appropinquare.* 7. Er glaubte, daß das leicht sei: *putabat (existimabat) id facile esse (leve:* leicht an Gewicht*).*

[116]

1. Putamus (existimamus) te sedulum esse. 2. Non putavi vos mihi favere. 3. Iussi te puniri. 4. Videmus vos ingratos esse. 5. Ceteri sentiebant nos superiores esse.

[117]

1. Magister scit se non omnia scire posse. 2. Omnes sciunt se scientia aliis superiores esse. 3. Nemo existimat se socordia (neglegentia) fortunam suam augere posse. 4. Civitates Gallorum Caesari nuntiabant se non facile ab oppidis vim hostium prohibere posse.

[118]

1. Caesar respondit se omnia memoria tenere. 2. Legati responderunt suos iam in agros remigrare. 3. Etiam philosophi veterum existimabant unum deum mundum gubernare.

[119]

1. Cogita etiam te quondam adulescentem fuisse. 2. Sentiebam me peccavisse. 3. Fabri confirmabant opus difficile fuisse. 4. Comperimus incendio multas domos deletas esse.

[120]

1. Spero vos me non vituperaturos esse. 2. Respondi me cras venturum esse. 3. Existimabam te me consultaturum esse. 4. Respondit se officium suum expleturum esse. 5. Helvetii responderunt se non in sedibus suis remansuros esse. 6. Caesar pronuntiavit se proxima nocte castra moturum esse.

Der Folgesatz

[121]

1. Nemo tam sapiens est, ut omnia sciat. 2. Audacia eius tanta erat, ut nihil timeret. 3. Nervii aedificia ita (sic) sentibus circumdederant, ut nemo intrare posset. 4. Adeo operam dedit, ut omnes virtute superaret. 5. Tot res aderant (exstabant), ut omnes adiuvare possemus.

Der verneinte Imperativ

[122]

1. Ne me increpueris! 2. Ne vetueritis hoc! 3. Ne adiuveritis homines nefarios! 4. Ne praestiteris te hominem ignavum! 5. Ne deleveritis monumenta antiquitatis! 6. Ne fleveris! 7. Ne offueritis (nocueritis) iis, qui vos adiuvabunt! 8. Neminem consiliis tuis adhibueris, qui enuntiare possit! 9. Numquam turpia laudaveritis!

Der abhängige Zwecksatz

[123]

1. Lava corpus tuum, ut lautum sit. 2. Corpora nostra non exercemus, ut aliis placeamus, sed ut sani et firmi simus. 3. Ne fleveris, ne ceteri te irrideant. 4. Tacuimus, ne alios accusaremus. 5. Milites humi iacebant, ut laterent.

Der abhängige Wunsch- und Befehlsatz

[124]

*1. Moneo te, ut sedulus sis. 2. Tempus postulat, ut fortes simus. 3. Princeps civitatem permovit (commovit), ut e finibus emigraret. 4. Tibi suademus, ut taceas. 5. Imperator incolis imperavit (*nicht: *iussit!), ut frumentum apportarent. 6. Optamus, ut vos valeatis. 7. Cura, ut omnibus vitae difficultatibus par sis.*

[125]

1. Tacete, ne quis vexetur! 2. Incolae impetrabant, ne quid vastaretur. 3. Suadeo tibi, ne usquam diutius moreris. 4. Suademus vobis, ne umquam malis (turpibus) consiliis obtemperetis (pareatis, oboediatis.)

DIE KONSONANTISCHE KONJUGATION

Einführung

[127]

a) *taceam*	*et legam*	*taceamus*	*et legamus*
taceas	*et legas*	*taceatis*	*et legatis*
taceat	*et legat*	*taceant*	*et legant*
b) *tacebo*	*et legam*	*tacebimus*	*et legemus*
tacebis	*et leges*	*tacebitis*	*et legetis*
tacebit	*et leget*	*tacebunt*	*et legent*

[128]

scribis	du schreibst
delebis	du wirst zerstören
leges	du wirst lesen
auges	du vermehrst
toleres	du mögest ertragen
emet	er wird nehmen
videt	er sieht
vitet	er möge meiden
vivet	er wird leben
bibitis	ihr trinkt
ridebitis	ihr werdet lachen
petamus	laßt uns erstreben!
cogitamus	wir denken
probemus	wollen wir prüfen!
colemus	wir werden bebauen
tacemus	wir schweigen

Die Perfektbildung in der konsonantischen Konjugation

Das v-Perfekt

[129]

1. Arcessamus amicum! 2. Quis te arcessivit? 3. Si me arcessivisses, venissem. 4. Incolae arma capessiverunt.

5. Nisi latro fugam capessivisset, necatus esset. 6. Animus superiora capessere debet. 7. Ne me lacessiveris! 8. Nervii a Romanis bello lacessiti sunt. 9. Si lacessemur, arma capessemus.

[130]

1. Nihil a vobis (ex)petivi. 2. Haedui petiverunt, ut sibi liceret concilium totius Galliae convocare. 3. Haedui a Caesare auxilium petiverunt. 4. Dies appetebat. 5. Coniurati opinabantur Caesarem regnum appetivisse. 6. Hostes salutem fuga petiverunt. 7. Oppidani unum petiverunt, ne armis spoliarentur. 8. Romani legatis responderunt se bello poenas veterum iniuriarum repetivisse.

[131]

1. Antea multi frustra pecuniam et opus quaesiverunt. 2. Ne quaesiveritis tempus et occasionem nugarum! 3. Ex me quaesivisti, quid sentirem. 4. Si quaeres, invenies. 5. Caesar e legatis quaesivit, quae civitates in armis essent. 6. Ne acquisi(v)eris pecuniam, sed scientiam et prudentiam, ut pecuniam acquiras. 7. Imperator tota legione fabros conquisivit, qui pontem aedificarent. 8. Verum inquiramus (indagemus)!

[132]

1. Ne triveritis tempus nugis! 2. Nummi saepe triti sunt. 3. Trita veste e captivitate venit. 4. Heri arborem sevimus. 5. Paucae Britannorum civitates frumenta serebant. 6. Omnibus hominibus amor quidam patriae insitus est. 7. Agricola diligens saepe arbores seret, quarum bacas numquam videbit.

[133]

1. Virtus in periculis cernitur. 2. Saepe difficile est, rem dubiam discernere. 3. Propter victoriam supplicatio quindecim dierum decreta est. 4. Dominus servo praemium libertatem decrevit. 5. Propter tenebras atra et alba discerni non potuerunt. 6. Multi feriis loca secreta quaerunt, ut corpora recreent. 7. Homo aegrotus cibum sprevit. 8. Ne spreveris consilium patris! 9. Sub arbore poma strata iacebant. 10. Corpora nostra in ripa stravimus. 11. Furore hostium omnia prostrata sunt.

[134]

1. Sinite me ludo interesse! 2. Sine te exorari! 3. Dii haec ne sinant! 4. Quae tibi placuerit, dii immortales bene evenire sinant! 5. Desinam te urgere. 6. Desii alios damnare. 7. Non desinemus litteris studere.

Das u-Perfekt

[135]

1. Gallia sub septentrionibus posita est. 2. Pone tunicam! 3. Hostes arma posuerunt. 4. Milites castra posuerunt. 5. Fortuna non in nostra potestate posita est. 6. Spes salutis in virtute (fortitudine) posita est.

[136]

1. Anteponamus mortem servituti! 2. Servi cenam apposuerunt. 3. Captivis custodem apposuerunt. 4. Scriptor libros magna diligentia composuit. 5. Homo e corpore et anima compositus est. 6. Discordiae (lites) compositae sunt. 7. Pax inter populos composita est. 8. Facta eius cum verbis componemus. 9. Mens composita semper tranquillitatem animae conservat. 10. Pompeius imperium deposuit. 11. Hostes iam arma deposuerant. 12. Caesar praesidia disposuit. 13. Quaeris ex me, quemadmodum aestate diem disponam. 14. Expositis veritatem opponemus. 15. Milites e navibus expositi sunt. 16. Legati haec fere exposuerunt. 17. Romulus et Remus infantes in ripis Tiberis expositi sunt. 18. Oratione bene disposita orator sententias suas exposuit.

[137]

1. Agricolam pauperem agellus aluit. 2. Tenebrae timorem aluerunt. 3. Tempestate flammae alebantur. 4. Ho-

mines, qui ruri habitant, agricolae appellantur, quod agros colunt. 5. Belgae Germanis proximi sunt, qui trans Rhenum incolunt. 6. Romani multos deos colebant. 7. Doctrina animus adulescentium colitur. 8. A deo etiam occulta aperientur. 9. Latrones praedam in silvis occuluerunt. 10. Praeda in silvis latebat. 11. Homo aegrotus medicum consuluit. 12. Consulite saluti vestrae!

Unterscheide: *occulo: lateo* *aperio: pateo*

[138]

1. Puellae flores seruerunt et serta ad statuam deae deposuerunt. 2. A Graecis mulieres (feminae) clarae e fabulis notae stellis insertae sunt. 3. Sagum Germanorum fibula aut spina consertum erat. 4. Exercitus manus conseruerunt. 5. Ne deserueritis patriam! 6. Multi, qui in agris incolebant (habitabant), agriculturam deseruerunt et in urbes migraverunt. 7. Multi contra disserebant. 8. Cicero multa de rerum natura disseruit.

[139]

1. Convivae (hospites) accubuerunt. Convivae (hospites) accubabant. 2. Imperator superatus in gladium se incubuit. 3. In hoc studium incumbemus. 4. Imbribus frumenta procubuerunt. 5. Agger in fossam procubuerat. 6. Consul morbo succubuit. 7. Ne succumbamus laboribus!

[140]

1. Natura nos ad maiora genuit. 2. Animus hominum e divinitate genitus est. 3. Iam apud Germanos vestimenta texebantur. 4. Clamores hominum strepentium et trementium auditi sunt. 5. Multi fremuerunt contra iniuriam decreti. 6. Servi sub pondere onerum gemuerunt.

Das s-Perfekt

K-Stämme

[141]

1. Dic mihi, quid sentias! 2. Civitates, quas supra diximus, in altera ripa Rheni incolunt. 3. In dicendo Cicero mul-

tum valebat. 4. Reus causam suam dixit. 5. Edicto senatores (patres) in curiam vocati sunt. 6. Hostibus bellum indictum est. 7. Ne maledixeritis innocentibus! 8. Hora praedicta venit. 9. Legatus praedixit, ne proelium priores auderent. 10. Milites vallum a castris ad flumen duxerunt. 11. Duc nos in castra! 12. Hostes omnia experti sunt (experiebantur), ut bellum duceretur. 13. Captivi in servitutem abducti sunt. 14. Timore adducti hostes fugae se mandabant. 15. Tibi domus Romae conducta est; domum tuam Pompeis alius conduxit. 16. Milites naves in mare deduxerunt. 17. Audi, quo rem deducam! 18. Imperator legiones e castris eduxit. 19. Hostes optimum duxerunt nostros commeatu prohibere. 20. Legatus duas legiones e Britannia in continentem reduxit. 21. Galli equites Germanorum magnis pollicitationibus ad se perduxerunt. 22. Caesar exercitum bis Rhenum traduxit.

[142]

1. Deus mundum regit. 2. Saepe facile non est asinum habenis regere. 3. Propter tempestatem nautae cursum navium corrigere non poterant. 4. Ea, quae nobis dixisti, corrigemus. 5. Ii, qui rem publicam dirigunt, peccata legum corrigere (emendare) debent. 6. Dirige animum tuum ad finem vitae! 7. Homo oculos ad caelum erigito! 8. Turris erecta est. 9. Perge sententias tuas mihi exponere! 10. In portu naves a tempestatibus proteguntur.

[143]

1. Christus in cruce fixus est. 2. Diu morbo lecto affixus eram. 3. Alexander Clitum amicum hasta transfixit. 4. Viator fuste afflictus erat. 5. Fames captivos graviter afflixerat. 6. Germani et Helvetii saepe armis conflixerant.

[144]

1. Misericordia flexi sumus, ut te adiuvaremus. 2. Carolus Magnus in animo habebat Moenum et Danuvium fossa conectere. 3. Romani curru aut equo vecti sunt (vehebantur). 4. Senatores vehementer in consulem invecti sunt. 5. Reus damnatus et ad supplicium tractus est. 6. Membris contractis homo aegrotus in lecto sedebat. 7. Anulum ei de digito detraxi. 8. Doctrina animis nostris error detractus est. 9. Veteres existimabant materiam non iam distrahi posse. 10. Plinius non solum in itinere, sed etiam Romae sella vehebatur.

Weitere *K*-Stämme

a) Nach *r* schwindet *g* vor *s* im Perfektstamm: (vgl. S. 34)

[145]

1. Milites defessi bracchia in aquam mergebant. 2. Fama vagabatur decem naves submersas esse. 3. Sacerdos aram victimae sanguine aspersit.

b) *k*-Laut ist nur noch im Perfektstamm erkennbar:

[146]

1. Inter fines Gallorum et Germanorum Rhenus fluit. 2. Athenas omnes, qui litteris studebant, confluxerunt. 3. Copiae Gallorum in Italiam influxerunt et cum iis nationibus, qui inter Appenninum et Alpes montes incolebant, pugnaverunt. 4. Milites aggerem (ex)struxerunt. 5. Cur odium in nos struxistis? 6. Post bellum multae domus exstructae sunt. 7. Tabernaculum Darii omni luxu instructum erat. 8. Caesar aciem instruxit. 9. Testes a te instructi sunt. 10. Non omnes ad summam senectutem vivent. 11. Satis vixi.

c) *ng*- Stämme

[147]

1. Natura hominem talem finxit, qualis est. 2. Finge animo gaudium parentum tuorum! 3. Nihil fingam, sed verum dicam. 4. Agricola quidam Romanus propter scelus fictum in ius vocatus est. 5. Apelles hoc pinxit. 6. Folia de ramis strinximus. 7. Gladium destrinxit. 8. Milites gladiis destrictis hostes fugaverunt. 9. Pater filium mo-

nuit (adhortatus est), ne aere alieno obstringeretur. 10. Magistratus iure iurando obstricti erant, ut tacerent. 11. Palus collem cinxit. 12. Milites ripas ponte coniunxerunt. 13. Amicitia vetere coniuncti eramus. 14. Cicero dixit se ad suam utilitatem semper Latina cum Graecis coniunxisse. 15. Alpes Italiam a Gallia seiungebant. 16. Ignis exstinctus est.

P-Stämme

[148]

1. De re publica scribere non iam libet. 2. Antea multum scripsi. 3. Caesar in Italia duas legiones conscripsit. 4. Mihi difficile esse videtur res Romanas ab initiis scribere, quod multa incerta sunt. 5. Livius et Sallustius res Romanas descripserunt. 6. Plinius e multis libris excerpsit. 7. Cicero eum librum, qui inscribitur Laelius, ad amicum de amicitia scripsit. 8. Bona coniuratorum proscripta sunt.

T - Stämme

[149]

1. Galli saepe propter inopiam agri colonias trans Rhenum mittebant. 2. Ne amiseris spem! 3. Nemo admissus est. 4. Spectacula commissa sunt. 5. Equitatus Romanorum in alieno loco proelium cum equitatu Helvetiorum commisit. 6. Exercitus Romanus ab Helvetiis sub iugum missus erat. 7. Dux Helvetiorum Caesarem admonuit, ne committeret, ut is locus, ubi exercitus Romanus staret, nomen ex clade exercitus Romani haberet. 8. Ne commiseris aliis auribus, quae ne amico quidem tuo committeres. 9. Caesar iter neque interdiu neque nocte intermisit, ut in Galliam veniret. 10. Nullum diem ad studium linguae Latinae intermittam. 11. Post cladem Galli potestati Romanorum se commiserunt. 12. Incolis permissum est, ut urbem desererent. 13. Caesar totum equitatem praemisit. 14. Nullam occasionem exercendi praetermittamus!

15. Civitates promiserant se obsides daturas esse, sed intermiserunt. 16. Caesar suis equites Germanorum submisit.

d - Ausfall vor *s*

[150]

1. Ianua clausa est; quis eam aperiet? 2. Fenestrae clausae manent. 3. Hostes exercitui commeatum intercludebant. 4. Hanc orationem concludamus! 5. Ne me excluseritis a vestra communione (communitate)! 6. Homines nefarii in custodiam includunto! 7. Omnia itinera interclusa erant. 8. Gallia in tres partes divisa est. 9. Matrona et Sequana Gallos a Belgis dividebant. 10. Dolum adhibeamus, ut e manibus hostium evadamus! 11. E magno periculo evasimus. 12. Raro hostes Italiam invaserunt. 13. Avaritia in animos multorum hominum invasit. 14. Ne laeseritis pietatem erga deum! 15. Cum pila luderemus, alii in aream invaserunt et in nos invecti sunt. Sed evasimus in hortum nostrum et illusimus eos, quod ex horto exclusi erant. 16. Omnes maeror (tristitia) invasit.

[151]

1. Res prospere cessit. 2. Cum hostes e terra cessissent, omnes vici combusti erant. 3. Miles hasta, qua bracchium strictum erat, graviter laesus (vulneratus) erat. Accessit febris. Duodecim diebus post e vita decessit. 4. Caesar Helvetiis non concessit, ut copias suas per provinciam Romanam ducerent. 5. Nuntii in omnes partes discesserunt. 6. Imperator ab exercitu discessit, ut commeatui provideret (consuleret). 7. Magnae silvae inter Mosellam et Rhenum intercedebant. 8. Milites longius a castris procedere ausi non sunt. 9. Numquam ab officio recedemus. 10. Hostes nostris audacius succedebant.

Liquida-Stämme

[152]

1. Germani hastas gerebant. 2. Cum hae (eae) res gestae essent, imperator exercitum in hiberna reduxit. 3. Sal-

lustius decrevit res gestas populi Romani describere. 4. Partes quaedam terrae aestu solis uruntur. 5. Ignis domos combussit. 6. Nonnullae nationes vicos et aedificia combusserunt et emigraverunt.

[153]

1. Tyrannus (dominus) liberam opinionem pressit. 2. Orator res expressis verbis exposuit. 3. Exercitus hostes oppressit. 4. Vi fluminis oppressae naves demersae sunt. 5. Haud (= non) raro mors homines opprimit. 6. Si Catilina exercitum oppressisset, certe (profecto) magna clades rem publicam oppressisset.

Das Perfekt mit Dehnung des Stammvokals

a) ohne Ablaut

[154]

1. Agrum emi. 2. Comperi te heri domum emisse. 3. Medicus tibi dolores adimet. 4. Hi clamores (hae voces) me interiment. 5. Quomodo captivos redimere poterimus? 6. Partem pecuniae dempsisti. 7. Coniurati pugiones (vagīna) prompserunt et Caesarem interemerunt. 8. Socrates venenum sumpsit. 9. Omne tempus in studiis consumpsimus. 10. Multam operam frustra consumpsistis. 11. Multos pestilentia consumpsit.

[155]

1. Epistulam tuam magno cum gaudio legi. 2. Perlegemus librum tuum. 3. Colligite fructus, collectos conservate! 4. Deligamus optima! 5. Avum tuum dilexi. 6. Diliges postea, quae adhuc neglexisti. 7. Intellexistine te erravisse? 8. Pericula, quae antea neglegimus, non iam neglegemus.

[156]

1. Edamus; nam nondum edimus. 2. Edistis et potavistis; nam esuriebatis; nunc dormiatis!

b) mit Ablaut im Perfekt Aktiv

[157]

1. Quid agis? 2. Non omnia, quae egi, peracta sunt. 3. Iucundi acti labores. 4. Non est tempus deliberandi, sed agendi. 5. In omni vita nihil aliud egi, nisi ut officium meum explerem. 6. Equitatus Romanorum ab hostibus ad castra redactus est. 7. Romani multas gentes in suam potestatem redegerunt. 8. Caesar e Gallorum civitatibus magnum equitum numerum coegit. 9. Oppidum vi in deditionem coactum est.

[158]

agimus	wir treiben, handeln, tun
egimus	wir trieben, handelten, taten
egemus	wir bedürfen *(egeo!)*
agemus	wir werden treiben, handeln, tun
agamus	wir mögen treiben (Konj. Präs.)
ēgerunt	sie führen heraus *(ē-gero)*
egērunt	sie trieben *(agere!)*
ēgerent	sie werden herausführen *(ē-gero)*
egērent	sie würden bedürfen *(egeo)*
pergimus	wir fahren fort *(pergo)*
peregimus	wir führten durch *(per-ago)*
delegi	ich habe ausgewählt
dilexi	ich habe hochgeschätzt

[159]

In der Form gleich, aber in Aussprache und Bedeutung verschieden sind:

1. Ind. Präs. von *possideo* und Fut. von *possīdo* (außer 1. Pers.): *possidēs* und *possidēs* usw,;
2. Konj. Imperf. und Inf. Präs. beider Verben: *possīdere(m)* und *possidēre(m)*.

1. Milites loca hostium munita possidere conabantur. 2. Suebi ad ripam Rheni consederant. 3. Helvetii in animo habebant in Gallia considere.

Dehnungsperfekt mit n-Ausfall

a) ohne Ablaut

[160]

1. Veni, vidi, vici. 2. Vicit in senatu sententia eorum, qui pacem praestare dicebant. 3. Poeni secundo bello Punico a Romanis devicti sunt. 4. Errores vestros longa oratione convici. 5. Te summae neglegentiae convincam. 6. Helvetii patriam reliquerunt, ut novas sedes quaererent. 7. Latrones mihi praeter calamitatem nihil reliquerunt. 8. Unus ex illa caede nefaria relictus est. 9. Captivi vincula ruperunt et evaserunt. 10. Fluctibus pons ruptus est. 11. Helvetii conabantur, si noctu perrumpere possent. 12. Iuventus Romanorum luxu atque avaritia corrumpebatur. 13. Ne confuderis vera cum falsis!

[161]

1. Caesar führte zwei Legionen nach Britannien. Die übrigen Truppen waren in Gallien zurückgelassen worden (zurückgeblieben). 2. Caesar führte eine Legion aus dem Lager: die übrigen Truppen sorgten für das zurückgelassene Gepäck.

b) mit Ablaut im Perfekt Aktiv

[162]

1. Ubi bracchium tuum fregisti? 2. A natione perfida foedus fractum est. 3. Vis tempestatis fracta est.

Das Perfekt mit Anlautwiederholung

a) Der Präsensstamm endet auf *-d-*

[163]

1. Homo aegrotus surrexit et statim concidit. 2. Mihi nihil gravius accidit. Si quid gravius mihi accidisset, tibi nuntium misissem (te certiorem fecissem). 3. Pater in gravem quendam morbum incidit. 4. Sol occidit. Post occasum solis luna et stellae apparuerunt. 5. Eadem nocte accidit, ut luna plena esset. 6. Multae arbores caesae (succisae) sunt. 7. Servi infideles virgis caedi solebant. 8. Consul occisus est. 9. Magna pars hostium concisa (occisa) est.

[164]

1. Sehr günstig traf es sich, daß ich meinen Geburtstag bei den Eltern feiern konnte. Dazu kam, daß die Eltern bei bester Gesundheit waren. Ich hoffte, daß auch meine Schwester kommen werde, was auch wirklich der Fall war. Was wird noch anderes zu diesem Glück dazu kommen?

[165]

1. Me totum studio litterarum dedidi. 2. Hostes se suaque sine mora tradiderunt. 3. Memoriae proditum est Servium Tullium, regem quendam Romanorum, primum iniussu populi regnavisse. 4. Augustus post cladem Romanorum exclamavisse dicitur: »Vare, redde mihi legiones!« 5. Quae Graece legi, Latine reddam. 6. Agricolae pecora et frumenta bene vendiderunt. 7. Sugambri finibus suis excesserant seque in silvas abdiderant. 8. Roma secundo anno septimae Olympiadis condita est. 9. Nubes regionem abscondebat. 10. Credimus deum esse; id etiam antiqui credebant. 11. Multi otiosissimis occupationibus tempus perdunt.

b) Der Präsensstamm endet auf *-nd-*

[166]

1. Res, non verba pependimus. 2. Virum non ex fortunis, sed ex virtute pendemus. 3. Cur pecuniam vestram in res inutilissimas impendistis? 4. Populus inter spem metumque suspensus erat. 5. Mulieres ad caelum bracchia tetenderunt. 6. Attendite animum ad ea, quae vobis narrabo. 7. Helvetii cottidianis fere proeliis cum Germanis contendebant. 8. Caesar in ulteriorem Galliam contendit. 9. Caesar legatis Helvetiorum ostendit se nulli (nemini) posse iter per provinciam dare. 10. Fabri fagum cuneis sciderunt. 11. Caesar pontem rescidit.

c) Der Präsensstamm endet auf *-ng-*
n-Ausfall im Perfektstamm

[167]
1. Arbor caelo tacta erat. 2. Dolor tuus me non attingit. 3. Nuntio non contigit, ut suo tempore adesset. 4. Stilo me in manum pupugisti. 5. Intellexistine, quid me pupugisset? 6. Mea praedia Tiberim tangunt.

d) Der Präsensstamm endet auf *-ll-* oder *-rr-*

[168]
1. Spes me fefellit. 2. Falsa spe deceptus sum. 3. Hostium acies pulsa est. 4. Multi ex patria pulsi (expulsi) novas sedes quaesiverunt. 5. Caesar anno a. Chr. n. 54 (quinquagesimo quarto) ad oram Britanniae appulit. 6. Nautae navem remis impulerunt. 7. Magistratus cupiditate pecuniam quaerendi in (ad) fraudem impulsus est. 8. Suspicio sublata non est, tolli non poterat (potuit). 9. Arborem evellere non poteris. 10. Me fefellisti, deum non falles.

[169]
1. Currendo omnes superare (vincere) conati sumus. 2. Omnes ac(cu)currerunt, manus meas prehenderunt, gratulati sunt. 3. Ad druides magnus adulescentium numerus disciplinae causa concurrebat. 4. Aqua incendio occursum est. 5. Multa animo percurri. 6. Non licet omnia dicere, quae succurrunt. 7. Tibi succurremus.

e) Die übrigen Verba mit Anlautwiederholung

[170]
1. Hostes neque mulieribus neque liberis pepercerunt. 2. Epaminondas fidibus praeclare cecinisse dicitur. 3. Edite et bibite, ut laeti esse possitis! 4. Hostes castra circumsteterunt. 5. Milites constiterunt et rei frumen-

tariae causa triduum morabantur. 6. Helvetii inopia omnium rerum adducti (commoti) legatos miserunt, qui dicerent se conatu suo desistere (destituros esse). 7. Iam saepe ex nimia licentia tyrannus exstitit. 8. Hostes resistere non audebant, sed fugae se mandabant. 9. Patronus tuus exstiti, ne omnino destitutus (relictus, desertus) esses. 10. Maxima pars victus Germanorum ex lacte, caseo, carne constitit. 11. Hostes paulisper nostris restiterunt.

Perfektstamm = Präsensstamm

a) *nd-* und *rt*-Stämme

[171]

1. Divitiae invidiam accendunt. 2. Omnes desiderio pacis incensi erant. 3. Montem ascendimus. 4. Navem conscendimus et Brundisium vecti sumus. 5 Viatores ex superioribus locis in campum descenderunt. 6. Me defendi, quod me offendisti. 7. Vilicus (patronus), cum ad villam venisset, omnia aliter offendit ac iusserat. 8. Defendite nos ab iniuria! 9. Ignis arbores comprehendit. 10. Incolae deliberabant, utrum oppidum accenderent an defenderent. 11. Mulieres passis manibus e domo ardenti cucurrerunt.

[172]

1. Latrones se (in fugam) verterunt. 2. Hoc di bene vertant! 3. Videte, quam versa ac mutata omnia sint! 4. Moribus corruptis res publica funditus everti potest. 5. Amicitia vestra in graves inimicitias conversa est. 6. Converte hanc sententiam e nostra lingua in Latinam! Haec sententia male conversa est. 7. Fides etiam in canibus animadvertitur. 8. Corrigemus, quae a te animadversa sunt. 9. Revertere! 10. Omnes domum reverterunt.

b) *v*-Stämme

[173]

1. Solvite ancoras! 2. Ancorae solutae sunt. 3. Reus culpa absolutus est. 4. Evolvite libros! 5. Dic, quid in animo volvas!

c) *u*-Stämme

[174]
1. Reus omnem pudorem exuit et negavit se facinus perpetravisse. 2. Romani mane tunicam et togam induerunt. 3. Cupiditate gloriae imbutus Catilina rem publicam evertere conabatur. 4. Non oportet vulnera aqua abluere. 5. Calumniis amicitiae saepe diluuntur. 6. In bellis saepe sacra polluta sunt. 7. Nos hoc crimen diluemus.

[175]
1. Spes salutis minuta est. 2. Luxuria opes deminuuntur. 3. Libidinibus non solum corpus, sed etiam animus comminuitur. 4. Imperator victoriam fortunae tribuit. 5. Cum Caesari a populo Romano Gallia Cisalpina attributa esset, senatus ei Galliam quoque Transalpinam decrevit. 6. Deus terris pacem tribuat!

[176]
1. Quo ruitis, o homines audaces? 2. Motu terrae multae domus (multa tecta) corruerunt. 3. Ne temere in periculum irrueritis! 4. Ab hostibus multa aedificia diruta vel incendio deleta (combusta) sunt. 5. Multa oblivione obruta sunt. 6. Latini lingua et moribus congruebant.

[177]
1. Imperator de proditore ipse statuit. 2. Caesar Rhenum navibus transire non satis tutum esse statuebat. 3. Hostes copias pedestres in locis superioribus constituerant. 4. Caesar constituit in Gallia hiemare. 5. Caesar, ut constituerat, in Italiam maturavit et dilectum habere instituit. 6. Vercingetorix civitatibus Gallorum obsides constituit. 7. Caesar Alesiam circumvallare instituit. 8. Tuis promissis destitutus in magnam calamitatem incidi. 9. Civitas sic esse constituta debet, ut aeterna sit. 10. Statuisti ex Asia reverti. 11. Moenia post bellum restituta sunt.

[178]
1. Studio litterarum ingenium adulescentium acuitur. 2. Te neque argui neque purgavi. 3. Iudex reum in omnibus

rebus coarguit. 4. Ab inimicis insidias metuimus. 5. Amicus discedens capite adnuebat. 6. Gens devicta condiciones pacis respuit.

Verba ohne Perfekt

[179]

1. Vilicus in animo habebat domum visere, quam empturus erat. 2. Agricolae (in) metendo occupati erant. 3. Seduli in vita pigris longe antecellunt. 4. Tempestas furit. 5. Silva in septentriones et in occidentem vergit. 6. Dies iam vergit.

Über die Etrusker
(Wiederholung der Verba mit *-i*-Erweiterung)

[181]

Heri a me pecuniam accepisti, ut mihi eum librum emeres, quem ante nonnullos dies apud librarium conspexeram. Titulus illius libri me pellexit, ut eum legerem. Cum librum aspexissem, eum possidere cupivi. Nam ex eo libro de Tuscis multa comperi, quae adhuc nondum sciebam. Nuper Tuscorum quoddam oppidum effossum est. Fabri, quibus doctissimus quidam vir praefectus erat, superficiem terrae machinationibus perfodere et terram patefacere coeperunt.

Fortasse tibi notum est Tuscos eam terram, quae in dextra Tiberis ripa sita est, incoluisse. Sed discordia et luxuria eorum Romanis contigit, ut oppida Tuscorum subicerent et foedus cum eis facerent. Multa quidem Tuscorum instituta et sacra a Romanis suscepta sunt, sed opes huius populi in perpetuum fractae erant.

Belagerung einer Burg
(Wiederholung der Verba mit *-i*-Erweiterung)

[182]

Cum senatus populusque Romanus cum natione quadam, quae defecerat, bellum facere constituisset (decrevisset),

copias coegit (conscripsit) et exercitui alterum consulem praefecit. Is exercitum et equitatum magnis itineribus ad hostes duxit. Ibi frumentum combusserunt et aedificia incenderunt. Incolae agrorum in oppida fugerunt.
Oppidum capere difficile erat. Itaque dux exercitus plerumque consilium cepit, ut oppidanos obsidione arma proicere et portas patefacere cogeret. Nam oppida muris (moenibus) circumdata erant, qui (quae) haud facile dirui (destrui) poterant. Ex ea causa ii, qui oppidum obsidebant, saepe magnos lapides ex tormentis contra muros iaciebant vel turres aedificabant, quas ad murum admovebant, ut aequa altitudine cum oppidanis pugnare possent. Nonnumquam cuniculum in oppidum agebant, ut eo modo id caperent, vel milites fortissimi noctu clam murum ascendebant, ut hostes opprimerent et portas patefacerent. Interea oppidum circumvallabant, ne quam eruptionem oppidani subito facerent et ex oppido effugere possent. Raro contigit, ut oppidani dolo elicerentur; nam ii plerumque intellegebant se vanis pollicitationibus pellici. Ex ea causa eo maiore studio omnes labores suscipiebant. Sed post paucos menses frumentum eos deficere coepit; fame vexabantur neque ex cottidianis laboribus iam se reficere potuerunt. Multi vulneribus confecti erant. Cum ex ea causa resistere non iam possent, legiones Romanorum denique oppidum expugnaverunt.
Incolae oppidi saepe interfecti aut in servitutem redacti, duces securi percussi sunt.

a) Aktive Verba mit *-sc*-Erweiterung

[184]

1. Discis nunc, quae multi antea iam dudum didicerunt. 2. Pasce aves hieme! 3. Etiam arbores non in immensum crescunt. 4. Flumen nivibus creverat; paulatim aquae decrescebant. 5. Mortui requiescant in pace! 6. Filius patrem rogavit, ut sibi ignosceret.

Ein Brief

[185]

Antonius Marco suo salutem dicit plurimam.

Fama percrebruit te aegrotum fuisse (in morbum incidisse); sed nunc convaluisti. Quod adhuc satis quievisti, reviviscES. Nam somno et quiete vires corporis crescunt. Sed vide, ne morbo corporis ingenium decrescat! Nam ingenium, nisi exercetur, consenescit. Proinde cottidie, ubi experrectus es, animum intende ad id, quod tibi proposuisti! Pasce mentem iis rebus, quibus exardescere (inflammari, incendi) potes! Postquam surrexisti, oportet frigida aqua lavari, deinde gustare prandium, non nimium; tum evolve libros tuos et imbue te totum studio litterarum! Nam nisi adulescens litteris te dare (dedere) concupisces, iuvenis verum indagare non consueveris. Non omnia quidem, quae puer didiceris, iuvenis memoria tenebis. Multa evanescunt (praeterfluunt), sed plurima remanent quasi fundamentum quoddam scientiae tuae. Cur ingemiscis tum, cum tempus est scholam frequentandi? Nihil honestius praestare possunt parentes liberis suis quam cultum non solum corporum, sed etiam animorum (ingenii). Quod puer exercuisti, quasi insita atque inveterata consuetudo manet usque ad senectutem. Vale.

b) Deponentia mit *-sc*-Erweiterung

[186]

1. Equitatus fugientes adeptus est. 2. Morbum nescio quomodo (quo pacto) nactus sum. 3. Raro te otiosum nanciscor. 4. Qui hic nascuntur, virtutis maiorum reminiscantur! 5. Ut alia obliviscar, assuevi (consuevi) me totum litteris dare. 6. Pater meus heri Romam profectus est. 7. Caesar nobili genere natus erat. 8. Germani plerumque lacte et carne vescebantur. 9. Valde iratus sum.

Die übrigen Deponentia der konsonantischen Konjugation

[189]

1. Liber e manibus meis elapsus est. 2. Concordia parvae res crescunt, discordia maximae dilabuntur. 3. Eques suffosso equo delapsus est. 4. Senex baculo nitebatur (nisus est). 5. Legiones, cum dies advesperasceret, ut in castra venirent, enitebantur. 6. Utar opera tua, si necessitas postulabit. 7. Sabini querebantur Romanos foedus hospitii violavisse et fregisse. 8. Clamor undique ortus est. 9. Caesar Dumnorigi custodes posuit, ut, quae ageret, quibuscum loqueretur, scire posset. 10. Sequamur mores maiorum! 11. Nonnulli id, quod sibi proposuerunt, pigritia consequi non possunt. 12. Equites hostes persecuti sunt et nonnullos interfecerunt. 13. Caesar equitatum praemiserat et omnibus copiis subsequebatur. 14. Mater filium, qui incolumis reverterat, multis cum lacrimis amplexa est. 15. Eloquentiam Romani complexi sunt, Graeci philosophiam. 16. Sapientes intellegunt nos cottidie mori; nam cottidie pars vitae elabitur. 17. Ave, Caesar, morituri te salutant. 18. Germani saepe cum Helvetiis congressi sunt. 19. Germani vinum ad se importari omnino non patiebantur, quod ea re homines remollescere arbitrabantur. 20. Hostes, qui in iniquiorem locum progressi erant, terga verterunt. 21. Equitatus de improviso copias hostium adortus est. 22. Pace frui omnes boni cupiunt.

Polyphem
(Schluß)

[190]

Audivisti Ulixem monstrum illud non gladio perfodisse, sed dolo uti constituisse.

Cum Polyphemus postero die sub vesperum iterum duos sodales captos devoravisset, Ulixes tremens Cyclopi appropinquavit: »Edisti«, inquit, »sed potio tibi deest. Vide, quid tibi praebeam!« His verbis vinum dulcissimum, quod secum portaverat, in magnam amphoram infudit et monstro avido porrexit. Cyclops autem, cum gustavisset, etiam atque etiam vinum poposcit et iam ebrius Ulixem interrogavit, quod nomen ei esset. Callide Ulixes respondit: »Mihi nomen est Nemo. Neminem me appellabant parentes.« — »Neminem«, inquit Cyclops, »postremum devorabo.« Deinde corruit et, quae ederat, evomuit.

Tum Ulixes eiusque socii palum praeacutum, cuius aciem igne ardentem fecerant, in oculum monstri infixerunt. Id ut taurus furens mugivit ita, ut ceteri Cyclopes perterriti advolarent (confluerent) et ante specum stantes interrogarent, quidnam eum vexaret. Polyphemus autem dolore paene vesanus (wahnsinnig) *exclamavit: »Nemo me occaecavit. Nemo me interfecturus est.« Responderunt Cyclopes: »Si tu, quamquam nemo te vexat, tamen mugitu tuo specum reples, amens esse videris. Precare Neptunum patrem, ut is a morbo tuo vehementi te liberet!« His verbis in specus suos reverterunt.*

Mane autem Polyphemus saxum, quo specum clauserat, protrusit et in ostio consedit, ut nemo Graecorum effugere posset. Hi autem ternos arietes coniunxerant et sub medium arietem pendentes evaserunt. Cum oves in navem egissent, ancoram solverunt et in altum provecti sunt.